Esther Bernhard
Materialien und Kopiervorlagen
zur Klassenlektüre

Judith Le Huray

Ein Channel für die Zukunft

Inhalt

www.hase-und-igel.de
Lektorat: Patrik Eis
Illustrationen: Petra Dorkenwald, Hendrik Kranenberg (S. 30)
Satz: Appel Grafik München GmbH

ISBN 978-3-86316-076-0

„Ein Channel für die Zukunft“ – Das Buch im Unterricht

Das Buch

Nicht erst seit Greta Thunberg und die Fridays-for-Future-Bewegung sich eine Stimme verschafft haben, ist das Thema Umwelt- bzw. Klimaschutz ein wichtiges und dringliches Anliegen der Jugend. Durch die genannte Bewegung sowie die gesellschaftlichen und politischen Reaktionen darauf ist die Klimaschutzdebatte allerdings nach Ansicht vieler Kommentatoren endlich „in der Mitte der Gesellschaft angekommen“. Höchste Zeit also für eine Klassenlektüre, in der die Problematik aufgegriffen wird.

Judith Le Huray verknüpft das Thema in „Ein Channel für die Zukunft“ klug und spannend mit einem weiteren „brandheißen Eisen“: dem Umgang mit sozialen Netzwerken und dem Internet als Informationsquelle. Fast alle Jugendlichen besitzen heute ein Smartphone, bei Recherchen ist das Internet oft die erste Anlaufstelle. Dass Schüler hierfür ausreichend Medienkompetenz benötigen, ist hinlänglich bekannt. YouTube gilt bei vielen als Plattform-Favorit, weshalb das Videoportal auch in der Lektüre eine wichtige Rolle spielt.

Fünf Jugendliche zwischen zwölf und 15 Jahren, die sich über die Schülerzeitungs-AG kennen, beschließen, an einem Wettbewerb der Stadt Rautestein teilzunehmen. Gesucht sind junge Leute, die für den städtischen Videokanal regelmäßig Beiträge erstellen. Nach einer Vorauswahl sollen die besten Teams gegeneinander antreten und drei Videos auf YouTube online stellen. Die Gruppe mit den meisten Followern siegt.

Die fünf von der Zeitungs-AG entscheiden sich für das Thema Umweltschutz und den aussagekräftigen Teamnamen *FürMorgen*. Das Erstellen überzeugender Videos ist jedoch schwieriger als erwartet. Auch von der Konkurrenz und dem Einsatz unlauterer Mittel im Netz, um beim Wettbewerb zu gewinnen, wird erzählt. Hinzu kommt, dass das *FürMorgen*-Team bei seinen Recherchen auf einen Umweltskandal stößt, dessen Aufklärung sich die fünf zur Aufgabe machen. Es ist also für Spannung gesorgt!

Durch die relativ große Schrift, die behutsamen Zeilenumbrüche, die einfache, lebensnahe Sprache und den überschaubaren Umfang eignet sich „Ein Channel für die Zukunft“ auch für weniger starke Leser der 6. bis 8. Klasse. Neben den Themenschwerpunkten Umwelt- und Klimaschutz sowie Mediennutzung geht es auch um Ernährungsgewohnheiten, Engagement und Eigeninitiative. Nicht zuletzt kommen sich einige Mitglieder des *FürMorgen*-Teams während ihres Projekts näher, was sicher für zusätzliche Lesemotivation sorgt. Einzelne Kapitel enthalten recht viele Informationen zu den oben genannten Themen und sind deshalb besonders gut dafür geeignet, fächerübergreifend im Unterricht behandelt zu werden. Die Lektüre des Buches macht nicht nur Mut, sich mit wichtigen Fragen auseinanderzusetzen, sie zeigt zudem, was Jugendliche bewirken können, wenn sie sich für eine Sache begeistern und zusammenarbeiten.

Das Material

Für dieses Begleitmaterial wurde das Buch in drei chronologische Abschnitte gegliedert. Zu jedem dieser Abschnitte gibt es zunächst einen didaktischen Teil und anschließend Kopiervorlagen für die Schülerhand.

Der Lehrerteil enthält Zusammenfassungen jedes Kapitels, Fragen zum Textverständnis und Anregungen zur kreativen Erarbeitung des Inhalts. Die Kopiervorlagen, aus denen Sie je nach Schwerpunktsetzung und individueller Unterrichtssituation auswählen können, bieten Arbeitsaufträge zu verschiedenen Aspekten des Romans. Neben dem Bereich „Umwelt- und Klimaschutz“ sind auch Informationen und Aufgaben zum Thema neue Medien enthalten. Hier geht es vor allem darum, Fachbegriffe und Rechtsgrundlagen kennenzulernen, Fake News von vertrauenswürdigen Quellen zu unterscheiden und sich seiner eigenen sowie der Sprache anderer bewusst zu werden. Aufgaben aus dem Bereich Grammatik und der Rechtschreibung beziehen sich auf Inhalte der Lehrpläne der Jahrgangsstufen 6 bis 8 und sind den Themenschwerpunkten angepasst.

Signets am oberen Seitenrand verdeutlichen den thematischen Fokus jeder Kopiervorlage:

Zur Lektüre — Umgang mit Sprache

Umwelt- und Klimaschutz — Medienkompetenz

Ich wünsche Ihnen und Ihrer Klasse viel Spaß und Erfolg beim Lesen der Lektüre und beim Arbeiten mit dem vorliegenden Material.

Esther Bernhard

1. bis 4. Kapitel: Eine neue Challenge für die Zeitungs-AG

Inhalt

1. Kapitel

Nora und Isi – zwei Siebtklässlerinnen – lästern auf dem Schulhof über Samira, eine Schülerin, die einen eigenen YouTube-Kanal zum Thema Kosmetik betreibt. Da kommt Lenny aus der 8. Klasse hinzu. Er macht die beiden darauf aufmerksam, dass eine gemeinsame Besprechung in der Schülerzeitungs-AG – deren Mitglieder außerdem Mark und Esma sind – dringend notwendig ist. Wenig später treffen sich alle im AG-Raum, um die Themen für die nächste Schülerzeitungsausgabe zu besprechen.

Mark hat jedoch eine Neuigkeit parat: Die Stadt Rautestein sucht Leute zwischen zwölf und 18 Jahren, die eigenständig Clips für den städtischen Videokanal gestalten wollen. Allerdings müssen sich die Interessierten zuerst einer Challenge stellen: drei Videos in sechs Wochen zu einem selbst gewählten Thema. Wer die meisten Follower hat, gewinnt. Die Sieger erhalten nicht nur eine professionelle Filmausrüstung, sondern auch Geld für jedes Video, das dann regelmäßig auf dem Stadtkanal online abrufbar ist. Die Truppe beschließt, das Projekt gemeinsam in Angriff zu nehmen.

2. Kapitel

Die fünf treffen sich am nächsten Tag, um Vorschläge für ein Channel-Thema zu sammeln und darüber abzustimmen. Während Esma über die Lehrer der Schule berichten will, ist Lenny das Thema Sportangebot für Jugendliche in den Sinn gekommen. Isi interessiert sich vor allem für den Neubau eines Jugendhauses in Rautestein und Nora hat zwei Ideen in petto: Eine Stadtführung für Jugendliche und ein Umweltthema. Ihrer Meinung nach wächst der Müll den Menschen über den Kopf: überall stapeln sich Gelbe Säcke. Die Jugendlichen diskutieren über Recycling und Verantwortung.

Um sich schlau zu machen und besser darüber entscheiden zu können, ob das Thema Umweltschutz das ihre ist, bricht die Zeitungs-AG auf, um Fotos zu machen. Die fünf registrieren dabei, wo vermehrt Gelbe Säcke stehen und was in einem Abfallsack so alles zu finden ist. Außerdem reden sie darüber, dass nicht wenig Müll auf wilden Abfallhaufen in der Natur landet.

Nach einem Essen im „Burger-Bigger" und der Erkenntnis, wie viel Müll sie mit einer Mahlzeit produziert haben, beschließen sie, sich für das Umweltthema etwas einfallen zu lassen. Nur Mark ist nicht überzeugt, willigt aber am Ende zähneknirschend ein, sich um die Technik zu kümmern.

3. Kapitel

Beim nächsten Treffen der Truppe teilt Esma den anderen mit, dass sich auch Samira, die bereits über viel Erfahrung und zahlreiche Follower verfügt, für das Stadtkanalprojekt bewirbt. Die fünf dürfen keine Zeit verlieren.

Nach der Sichtung des gesammelten Materials wählen sie gemeinsam das Thema Plastikmüll für ihren ersten Videoclip. Dann planen Isi, Nora, Esma, Mark und Lenny, was noch alles zu tun ist. Weitere Fotos, mehr Informationen, Interviews mit Bürgern und Experten sowie Berichte aus dem Internet werden beschafft. Daraus muss nun ein zusammenhängendes Video entstehen.

Als Esma den Biologielehrer der Schule, Herrn Wolf, zur nächsten Besprechung mitbringt und dieser nach der Sichtung des Rohvideos darauf hinweist, dass es Bildrechte gibt und es deshalb nicht erlaubt ist, fremdes Material einfach so zu veröffentlichen, ist die AG zunächst entmutigt. Doch Herr Wolf verspricht ihnen zu helfen und hält sein Wort: Er stellt passendes Bildmaterial zur Verfügung, das sie verwenden dürfen. Nachdem mit dem Weg einer Plastikflasche vom Verkaufsregal bis zum Abfallberg in Asien auch ein roter Faden durch das Video gefunden ist, muss schließlich noch ein Name für die Truppe her. Noras Vorschlag *FürMorgen* wird angenommen.

4. Kapitel

Das Video mit dem Titel „Nur eine Plastikflasche" ist rechtzeitig fertiggestellt und eingereicht worden. Eine gute Woche später erfahren die Jugendlichen endlich, dass sie es geschafft haben! Doch es bleibt nicht viel Zeit zu feiern, denn beim Ansehen der Konkurrenzclips – einer von Samira über eine örtliche Modeboutique und einer von Phil über die Musikszene in Rautestein – ist klar: Sie müssen sich bei den nächsten beiden Videos ins Zeug legen, um tatsächlich zu gewinnen. Außerdem zeigen die Kommentare zu ihrem ersten Clip, dass ihre Arbeit nicht nur Zustimmung findet. Bevor sich die Truppe an die Umsetzung des zweiten Videos macht, steht noch Noras Geburtstagsparty an. Sie soll am örtlichen Stausee stattfinden und alle sind eingeladen.

Thematische Schwerpunkte

- Prüfung der Textkenntnis
- Mülltrennung und Müllvermeidung
- Entscheidungsfindung innerhalb einer Gruppe
- Ideen planen und umsetzen
- unangemessene Kommentare im Internet
- Urheberrechte im Netz
- Diagramme lesen und verstehen
- Spracharbeit: Wortarten, Fachbegriffe visueller Medien

Gesprächs- und Schreibanlässe

Vor der Lektüre

- Beschreibe das Buchcover, ohne eine Wertung vorzunehmen: Welche Personen siehst du? Was könnte dort gerade passieren? Welche Farben werden verwendet und welche Stimmung wird dadurch erzeugt?
- Wovon, denkst du, handelt das Buch und warum vermutest du das?
- Lies den Text auf der Rückseite des Buches und überfliege das Inhaltsverzeichnis auf Seite 5. Werden deine Vermutungen bestätigt?
- Wer ist wohl die Zielgruppe des Buches? Wie kommst du darauf? Beginne mit: „Ich denke, das Buch ist für … verfasst worden, weil …"

Zum 1. Kapitel

Überprüfung der Textkenntnis

- Was erfährt man über die fünf Mitglieder der Schülerzeitungs-AG? Wer bringt welche Fähigkeiten mit?
- Welche Teilnahmebedingungen gelten für das Stadtkanalprojekt? Wie soll die Auswahl des Siegerteams erfolgen? Welche Preise winken?

Weiterführende Fragen

- Habt ihr auch schon einmal an einer Ausschreibung teilgenommen oder euch für ein besonderes Projekt beworben?
- Wer von euch sieht sich regelmäßig Videos auf YouTube oder ähnlichen Plattformen an? Welche Clips gefallen euch und warum?
- Hast du selbst schon einmal ein Video ins Internet gestellt oder kennst du eine Person, die das regelmäßig macht?

Unterrichtsvorschlag

Halten Sie drei Papierstreifen pro Schüler bereit sowie ausreichend Klebeband oder Magnete zum Anheften der Streifen an die Tafel. Fragen Sie die Klasse, welche Themen sie für das Stadtkanalprojekt vorschlagen würde. Sammeln Sie die Ideen so an der Tafel, dass jeweils noch Platz ist, um Anmerkungen hinzuzufügen. Geben Sie nun den Schülern den Auftrag, sich ein Thema auszusuchen.

Anschließend soll jeder drei Argumente auf drei einzelne Papierstreifen notieren, die für das ausgewählte Thema sprechen. Machen Sie den Schülern klar, dass die Argumente klar und überzeugend sein müssen. Formulierungen wie „weil es spannend ist" oder „weil ich Bock drauf hab" sind nicht erwünscht. In einem nächsten Durchgang darf jeder seine Argumente zum passenden Stichwort an die Tafel heften. Sind alle Papierstreifen positioniert, erkennt man klar, welche Themen am meisten Befürworter finden. Nun können die Argumente der beliebtesten Themenvorschläge vorgelesen werden. Am Ende erfolgt eine Abstimmung per Handzeichen darüber, welches Thema sich durchsetzt.

Zum 2. Kapitel

Überprüfung der Textkenntnis

- Welche Themen schlagen Esma, Isi, Lenny, Nora und Mark für das Projekt vor?
- Was halten die einzelnen AG-Mitglieder vom Sammeln von Plastik im Gelben Sack?
- Wie sehen die Meinungen der Jugendlichen zum Thema Pfandflaschen aus?

Weiterführende Fragen

- Denkt ihr, dass die fünf weiterhin bei „Burger-Bigger" essen werden? Begründet eure Aussage.
- Trennt ihr zu Hause den Müll? Wenn ja, wie? Wenn nein, warum nicht?

Unterrichtsvorschläge

- Geben Sie den Schülern den Auftrag, schriftlich oder fotografisch festzuhalten, welches Verpackungsmaterial innerhalb einer Woche bei ihnen anfällt. Sammeln Sie die Ergebnisse und gestalten Sie mit der Klasse ein Plakat zum Thema „Verpackungsmüll". Denkbar ist es auch, einen Gelben Sack in der Klasse aufzustellen und zwei Schüler zu beauftragen, den Status jeden Tag mithilfe eines Fotos zu dokumentieren. Daraus kann auch eine Challenge mit anderen Klassen gemacht werden.

Abschlussfrage: Welche Verpackungen lassen sich relativ leicht vermeiden?

- Vorher- und Nachherfotos von einem Besuch in einem Fastfood-Restaurant sind eine weitere Möglichkeit, die Jugendlichen für das Thema Müll zu sensibilisieren. Natürlich sollten die Schüler dadurch nicht zum Fastfood-Konsum animiert werden …

Zum 3. Kapitel

Überprüfung der Textkenntnis

- Welche Vorteile hat Samira der Schülerzeitungs-AG gegenüber?
- Welchen Plan hat die Truppe für ihr erstes Video?
- Auf welches Problem macht sie der Biologielehrer aufmerksam?

Weiterführende Fragen

- Wie würdet ihr bei der Planung des Videos vorgehen?
- Wie findet ihr den Gruppennamen *FürMorgen*? Ist er passend gewählt? Erläutert.

Unterrichtsvorschlag

Greifen Sie die Themen aus dem Unterrichtsvorschlag zum 1. Kapitel auf und lassen Sie die Schüler passende Gruppennamen dazu erfinden.

Zum 4. Kapitel

Überprüfung der Textkenntnis

- Welche „Geschichte" erzählt das *FürMorgen*-Team in seinem ersten Video? Wie lautet der Titel?
- Wer sind die Konkurrenten bei der Ausschreibung und worüber haben sie ein Video gemacht?
- Was haben die Konkurrenten ihnen voraus?
- Was erfährst du über die Kommentare im Internet zum Clip „Nur eine Plastikflasche"?

Weiterführende Fragen

- Habt ihr auch schon einmal YouTube-Videos im Netz kommentiert oder lest ihr regelmäßig Kommentare? Was fällt euch dabei auf?
- Wann ist ein Kommentar eurer Meinung nach nicht angemessen? Was sind inhaltliche und sprachliche „No-Gos"?
- Gegen Ende des 4. Kapitels begründet Isi, weshalb die Menschen negative Kommentare zu ihrem ersten Video gepostet haben: „Weil man nur ungern aufgibt, was bequem ist." Was meint sie damit?

Unterrichtsvorschlag

Lassen Sie die Schüler ein Storyboard zum Video „Nur eine Plastikflasche" gestalten. Geben Sie die Anzahl der Bilder (acht) vor. Die Schüler können selbst überlegen, was sinnvollerweise abgebildet werden soll.

Zu den Kopiervorlagen

KV Seite 10

Mülltrennung – der Gelbe Sack

In der Lektüre geht es zu Beginn um die Themenfindung für die Videos. Nora schlägt vor, doch ein Umweltthema zu machen, und merkt an, dass auf den Gehwegen in Rautestein alles voller Gelber Säcke sei. Wenig später macht sich die Gruppe auf, dies auszukundschaften.

Da vielleicht nicht alle Schüler wissen, was der „Gelbe Sack" ist, finden sie hier grundlegende Infos darüber. Zu beachten ist, dass für Verpackungsmüll innerhalb von Deutschland und Österreich nicht überall die gleichen Regeln gelten. Mancherorts wird der Müll – wie im Buch beschrieben – in Plastiktüten gesammelt und zur Abholung an den Straßenrand gestellt. Neben dem „Gelben Sack" gibt es auch noch die „Gelbe Tonne". Andernorts werden Abfälle aus Kunststoff und Metall getrennt gesammelt und in dafür vorgesehenen Containern (wie Glas) eigenständig entsorgt. Bringen Sie, falls bei Ihnen vor Ort andere Regeln gelten als auf dem Blatt erläutert, entsprechendes Infomaterial mit.

Schenken Sie bei der gemeinsamen Besprechung des Blattes Aufgabe 3 besondere Beachtung, denn durch Müllvermeidung wird die Umwelt mit Abstand am wirkungsvollsten geschont.

Lösung

Aufgabe 2:

Milchpackung, Fischdose, Einwegflasche aus Plastik, Plastiktüte, Zahnpastatube, Tetra Pak, Chipstüte, Coffee-to-go-Becher, Gemüseverpackung aus Plastik, Shampooflasche

Aufgabe 3:

z. B. Milchpackung, Einwegflasche aus Plastik und Tetra Pak: Pfandflasche, am besten aus Glas; Plastiktüte: Papier- oder Stofftasche; Coffee-to-go-Becher: eigener Thermobecher mit Verschluss; Gemüseverpackung aus Plastik: Gemüse lose kaufen oder eigenen Stoffbeutel verwenden

Wortarten sortieren

Hier geht es darum, den Schülern zu zeigen, dass es viele Dinge gibt, die nach einem bestimmten System geordnet werden können, beispielsweise auch die Wortarten. Mit etwas mehr Aufwand können Sie Plakate mit darauf abgebildeten Tüten aufhängen oder Schachteln aufstellen. Die Schüler bekommen eine Liste mit Wörtern oder den ganzen Text und sollen die einzelnen Wörter zuordnen. Die Ordnungsbegriffe (Nomen, Verben …) können schon angegeben werden oder die Schüler müssen selbst danach suchen. In diesem Fall wird nur das Thema Wortarten vorgegeben.

Weiterführend können die Schüler den Inhalt der „Pronomen-Tüte“ noch nach den einzelnen Pronomenarten sortieren.

Lösung

Nomen: Mark, Umweltthema, Müslifresser, Lennys, Vorschlag
Verben: ist (zweimal), meint, soll, gehen, wendet
Adjektive: grottig, öde, lieber, gut, sauber
Pronomen: er, Es, Unsere, sich, keiner

Wer ist für welches Thema?

Sinn dieser Kopiervorlage ist es zum einen, die Schüler zum genauen Lesen anzuhalten. Zum anderen soll gezeigt werden, wie eine Entscheidungsfindung in der Gruppe ablaufen kann und worauf man bei der Erläuterung seiner Entscheidung achten sollte. Gefragt sind hier sachliche, konstruktive und argumentativ stichhaltige Aussagen.

Lösung

Aufgabe 1:

Mark ist gegen das Umweltthema. Er hält es für „grottig und öde“. Lennys Vorschlag mit dem Sportangebot oder das Thema Stadtführung würde er bevorzugen.

Nora ist für das Umweltthema. Sie weist darauf hin, dass es dabei ja nicht nur um Abfall gehen soll.

Lenny entscheidet sich für das Umweltthema, weil er hofft, dass sie damit etwas bewirken können.

Aufgabe 2:

Mark verwendet Ausdrücke, die sprachlich und inhaltlich unsachlich sind. Er argumentiert nicht, sondern lehnt das Thema Umweltschutz ohne klare Begründung ab. Seine Aussagen sind für die Themenfindung nicht hilfreich.

Planung ist alles

Hier geht es zunächst um genaues Lesen. Für stärkere Schüler können Sie den bereits vorhandenen Text in der linken Spalte vor dem Kopieren abdecken. Gehen Sie bei der anschließenden Besprechung der Aufgaben aber auch darauf ein, dass eine gut durchdachte Planung Zeit spart. Anders als bei den Jugendlichen in der Lektüre sollte möglichst von Anfang an ein Bewusstsein für die Frage der Bildrechte existieren. (Die Kopiervorlage „Meine Rechte – deine Rechte“ von Seite 16 vertieft dieses Thema.) Ebenso ist es von Vorteil, noch vor der Sammlung erster Bilder und Materialien ein Drehbuch zu entwickeln.

Lösung

Aufgaben 1 und 2:

- mehr Informationen, Fotos und Berichte aus dem <u>Internet</u> sammeln (Nora, Lenny)
- Interviews mit jemandem von der örtlichen Müllabfuhr oder vom <u>Wertstoffhof</u> und mit Passanten machen (Esma, Isi)
- <u>Fragen</u> für die Interviews überlegen (Esma, Isi)
- ein Drehbuch entwickeln / einen roten <u>Faden</u> finden (Isi)
- Bildrechte klären
- einen Text für den <u>Sprecher</u> verfassen (Isi)
- den Text einsprechen (Lenny)
- den <u>Film</u> schneiden (Mark)
- einen Filmtitel finden und den Abspann gestalten
- einen Namen für das <u>Team</u> überlegen (alle)

Heute schon einen Kommentar verfasst?

Schüler kommentieren häufig Beiträge auf YouTube, Instagram oder anderen Plattformen. Die unsachlichen, zum Teil vernichtenden Kommentare aus der Lektüre werden hier zum Anlass genommen, sich darüber ein paar grundsätzliche Gedanken zu machen. Ziel ist es, den Schülern zu verdeutlichen, dass jeder seine Meinung äußern darf, es jedoch darauf ankommt, wie man dies tut. Sie sollen ein Gefühl dafür entwickeln, welche Kommentare sprachlich bzw. inhaltlich unangemessen sind.

Weiterführend können die Nicknames der Verfasser unter die Lupe genommen werden: Was geben sie von den Kommentatoren preis?

Lösung

Aufgabe 1:

Die Kommentare sind unsachlich formuliert, teilweise beleidigend und enthalten keine stichhaltigen Argumente, dafür aber Vorurteile und Schwarz-Weiß-Malerei.

Aufgabe 2:

Kicker7: Das Video ist wenig abwechslungsreich.
Blubl: Mir gefällt das Video überhaupt nicht.
Jessy Ka: Ich möchte als Erwachsene nicht, dass Kinder oder Jugendliche mir Vorschriften machen.
Michi B.: Die Klimakatastrophe wurde meiner Meinung nach von Leuten erfunden, die sich für die Natur einsetzen.
XYZ: Wir in Rautestein können nicht viel ausrichten. Es wäre besser, die Nationen, die einen großen Anteil an der Umweltverschmutzung haben, würden etwas unternehmen.

KV Seite 15

Filmbegriffe im Fokus

Die Arbeit an Filmen oder Videos bedarf einer spezifischen Fachsprache. Die Schüler finden hier heraus, welche Begriffe sie aus diesem Bereich schon kennen und welche nicht. Beim Ordnen kann ein Bezug zu den Kopiervorlagen der Seiten 10 und 11 hergestellt werden, wo es um das Sortieren nach bestimmten Gesichtspunkten ging. Womöglich zeigt sich bei dieser Arbeit, dass es Schüler gibt, die sich in ihrer Freizeit intensiv mit Filmen und Videos befassen. Deren Wissen kann wertvoll für die Arbeit mit der Lektüre sein.

Für eine intensivere Befassung mit dem Thema Film bietet sich die Internetseite *www.kinofenster.de* von der Bundeszentrale für politische Bildung an. Hier finden Sie auch einen Glossar zu den gängigen Fachbegriffen.

Aufgabe 1:

Vorarbeit für einen Film / ein Video: Storyline (Handlungsbogen / Vorstufe zum Drehbuch), Drehbuch, Storyboard (gezeichnete Version eines Drehbuchs)
Bestandteile eines Films / Videos: Vorspann, Abspann, Szene, Sequenz
Kamera: Totale, Halbtotale, Großaufnahme (verschiedene Einstellungsgrößen der Kamera; Details siehe unten), Zoom (szenische Technik, an ein Motiv bei laufender Kamera heranzufahren oder sich davon zu entfernen), Froschperspektive (Betrachtung eines Gegenstands von unten)
Ton: Off-Sprecher (Sprecher, der nicht im Bild erscheint), Filmmusik, Voiceover (Aufnahme einer Stimme, die über eine andere Aufnahme oder Szene gelegt wird)

Aufgabe 2:

Totale: Eine oder mehrere Personen sind vollständig in ihrer Umgebung zu sehen.
Halbtotale: Die Figuren werden von Kopf bis Fuß gezeigt. In dieser Einstellungsgröße ist die Körpersprache oft wichtiger als der Dialog.
Großaufnahme: Der Kopf der Figur und ein Teil der Schultern werden abgebildet. Die Mimik steht im Vordergrund.

KV Seite 16

Meine Rechte – deine Rechte

Diese Kopiervorlage soll die Schüler dafür sensibilisieren, dass jegliche Art von Bildern, Texten und Musik von einem Menschen stammt, dessen Rechte man verletzt, wenn man sein geistiges Eigentum ungefragt verbreitet. Dadurch, dass nur wenige Aussagen mit einem Häkchen versehen werden können, wird deutlich, dass viele Aktionen, die im Internet – auch von den Schülern – regelmäßig durchgeführt werden, nicht erlaubt sind. Zusätzlich sollten Sie darauf hinweisen, dass man sich strafbar macht, wenn man selbst aufgenommene Fotos von anderen ohne deren Wissen und Erlaubnis im Netz hochlädt (vgl. dazu die Lektüre „... und jetzt sehen mich alle!“ von Judith Le Huray, erschienen 2013 im Hase und Igel Verlag).

Lösung

Aufgabe 2:

☐ Meine Freundin schenkt mir ein Foto von sich. Ich stelle es ins Netz. (Man braucht die Erlaubnis der Freundin bzw. ihrer Eltern.)
☐ Im Internet habe ich ein cooles Bild entdeckt. Ich poste es auf Facebook. (Das geht nur, wenn das Bild freigegeben ist.)
☑ Mein Foto von der Geburtstagstorte meiner Schwester stelle ich ins Netz.
☑ Ich habe die Mülltonne meiner Nachbarn geknipst und veröffentliche das Bild. (Auf dem Foto darf nicht erkennbar sein, von wem die Tonne ist.)
☐ Meinen neuen Lieblingssong stelle ich samt eigener Diashow auf YouTube.
☑ Für meine Powerpoint-Präsentation füge ich Bilder aus dem Internet ein. (Hier kommt es darauf an, wofür die Präsentation genutzt wird. Für Schulen gibt es z. B. Ausnahmeregelungen. Ins Netz darf die Präsentation allerdings nicht gestellt werden.)

Typisch Mädchen? Typisch Junge?

Mit dieser Kopiervorlage kann das Lesen und Interpretieren von Diagrammen geübt werden. Außerdem bietet sie die Möglichkeit, über Unterschiede und Gemeinsamkeiten von Mädchen und Jungen in verschiedenen Bereichen zu diskutieren.

Lösung

Aufgabe 1:

a) Insgesamt nutzen Jungen YouTube intensiver als Mädchen.

b) Bei Jungen sind vor allem Musikvideos, Let's-play-Videos und lustige Clips beliebt. Weniger beliebt sind das Einstellen von eigenen Videos, Mode-/Beauty-Videos und Produkttests.

c) Mädchen mögen vor allem Musikvideos, fremdsprachige Videos und lustige Clips.

Aufgabe 2:

individuelle Antworten

Wie gut kennst du das Team?

Die Schüler sind mit den Protagonisten der Lektüre nun schon besser vertraut. Mithilfe dieser Kopiervorlage kann das Wissen zu den einzelnen Figuren überprüft und gefestigt werden. Weiterführend ist das Ausarbeiten von Steckbriefen (im Heft oder auf einem Plakat, in Einzel- oder Gruppenarbeit) sinnvoll. Auch ein Ratespiel bietet sich an: Sie legen den Schülern die geordneten Adjektive/Partizipien vor und sie müssen raten, um wen es sich handelt.

Manche Eigenschaften der Figuren (z. B. mutig) kristallisieren sich erst im weiteren Verlauf des Romans heraus. Deshalb ist es sinnvoll, zum Abschluss der Lektüre noch einmal auf dieses Blatt zurückzugreifen und Ergänzungen vorzunehmen.

Lösung

Aufgabe 1:

Esma: kommunikativ, kindlich, engagiert, zeichnerisch begabt, neugierig, verplant, motiviert

Isi: sprachbegabt, umweltbewusst, engagiert, fleißig, kommunikativ

Nora: klug, gewissenhaft, umweltbewusst, engagiert, fleißig, motiviert

Mark: technisch versiert, miesepetrig, engagiert

Lenny: klug, sportlich, engagiert, motiviert, motivierend

Aufgabe 2:

„Musste dringend noch was zu Ende erzählen." (Esma, Seite 10)

„Das lass ich mir von euch nicht vermiesen." (Mark, Seite 25)

„Leute, wir schaffen das!" (Lenny, Seite 27)

„Wie wär's mit einem Umweltthema?" (Nora, Seite 19)

Name:

Mülltrennung – der Gelbe Sack

Lenny ist von den vielen Mülltüten entsetzt. Esma schreitet zur Tat und sieht sich den Inhalt eines Gelben Sacks genauer an. Aber was gehört eigentlich in diese Tüte?

1. **Lies die Richtlinien für die richtige Handhabung des Gelben Sacks auf dem Foto rechts.**

2. **Wähle nun aus dem Wortspeicher aus, was in den Gelben Sack gehört, und schreibe es hinein.**

Milchpackung
halbvoller Joghurtbecher
Streichholzschachtel
Salatblätter
Fischdose
Einwegflasche aus Plastik
Plastiktüte
Zahnpastatube
Tetra Pak
Wasserflasche (mit Pfand)
Chipstüte
Coffee-to-go-Becher
Einkaufszettel
Gemüseverpackung aus Plastik
Shampooflasche
Pizzakarton

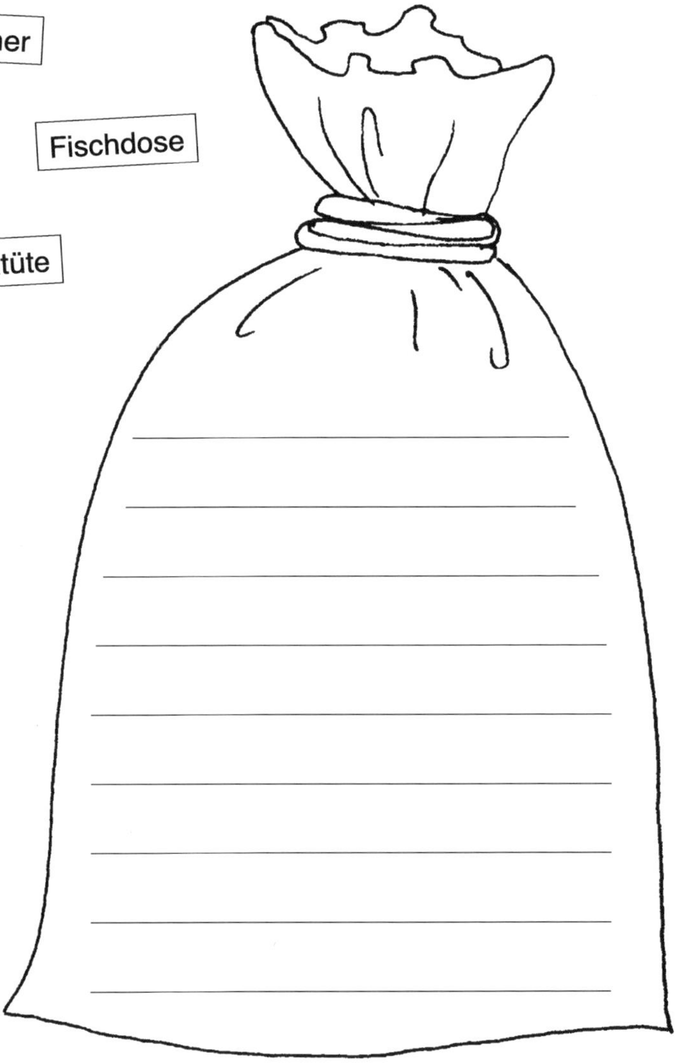

3. **Welchen Abfall kann man vermeiden? Wähle drei Verpackungen aus und sammle in deinem Heft Alternativen.**

Name:

Wortarten sortieren

Man kann vieles ordnen oder sortieren – auch Wortarten.

Lies noch einmal den Text im Buch ab Seite 26, Zeile 3. Suche nun für jede unten angegebene Wortart die jeweils ersten fünf Beispiele aus dem Text heraus und schreibe diese in die entsprechende Tüte.

Nomen

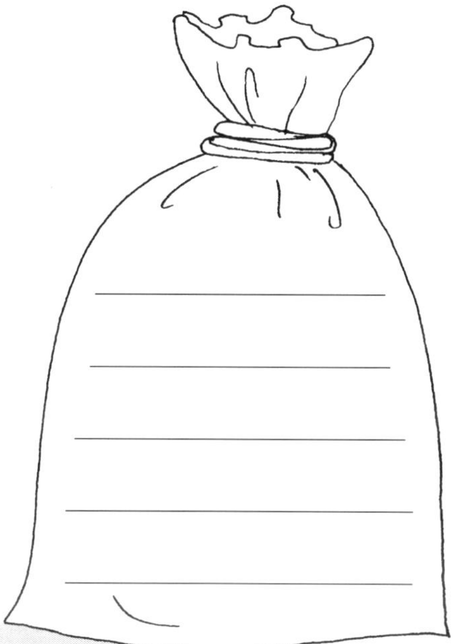

Verben

Adjektive

Pronomen

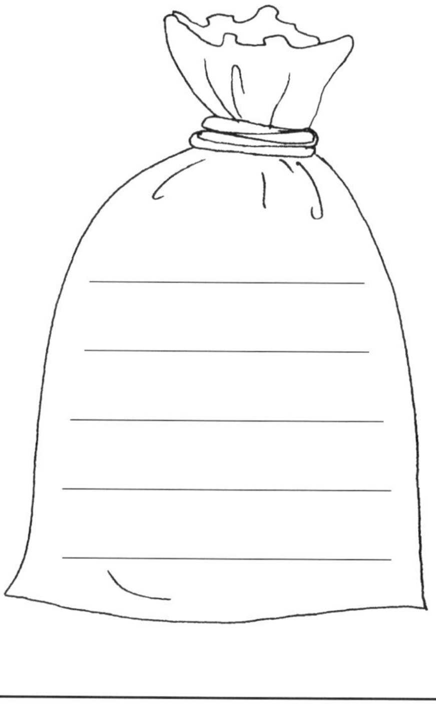

Name:

Wer ist für welches Thema?

Der Zeitungs-AG fällt es nicht leicht, sich auf ein Thema für den Videokanal zu einigen. Am Ende des 2. Kapitels wird deshalb darüber abgestimmt.

1. Notiere in deinen eigenen Worten, für und gegen welche Vorschläge Mark, Nora und Lenny sind. Schreibe auch Begründungen auf, sofern sie genannt werden.

Mark ist gegen ______________________________

Nora ist für ______________________________

Lenny entscheidet sich für ______________________________

2. Marks Äußerungen zur Themenwahl unterscheiden sich von den Aussagen der anderen. Was ist anders? Beschreibe und bewerte.

Name:

Planung ist alles

Das Thema für das erste Video – Plastikmüll – steht. Nun muss die Zeitungs-AG zügig planen und Aufgaben verteilen, denn die Zeit drängt.

1. Was müssen Nora, Isi, Esma, Lenny und Mark noch alles erledigen? Lies das 3. Kapitel und vervollständige die Punkte in der linken Spalte.

2. Wer von den fünf Schülern macht was? Schreibe in die rechte Spalte die jeweiligen Namen, sofern sie genannt werden.

To do	Wer?
mehr Informationen, Fotos und Berichte aus dem ______________ sammeln	
Interviews mit jemandem von der örtlichen Müllabfuhr oder vom ______________ und mit Passanten machen	
______________ für die Interviews überlegen	
ein Drehbuch entwickeln / einen roten ______________ finden	
Bildrechte klären	
einen Text für den ______________ verfassen	
den Text einsprechen	
den ______________ schneiden	
einen Filmtitel finden und den Abspann gestalten	
einen Namen für das ______________ überlegen	

Name:

Heute schon einen Kommentar verfasst?

Für seinen ersten Videobeitrag erntet das *FürMorgen*-Team nicht nur Zustimmung …

1. Lies die Kommentare auf diesem Blatt. Was fällt dir grundsätzlich daran auf?

2. Überarbeite die Kommentare, verändere ihren Inhalt dabei aber möglichst wenig. Achte auf eine sachliche Ausdrucksweise. Nutze die Schreiblinien.

Kicker7: Das video is voll öde. Zum einschlafen.

Blubl: Echt. So n bullshit.

Jessy Ka: Oh Mann! Müssen wir uns jetzt schon von den Kids vorschreiben lassen, was wir tun sollen?

XYZ: Sollen doch erst mal die anderen was tun. Die Chinesen zum Beispiel. Die produzieren jede Menge Dreck. Oder die Amis. Das bisschen von Rautestein macht den Kohl nicht fett. vorschreiben lassen, was wir tun sollen?

Name:

Filmbegriffe im Fokus

Was braucht man alles, um ein Video zu erstellen? Woraus setzt es sich zusammen? Im 3. Kapitel findest du Angaben dazu. Um Experte zu werden, lohnt es sich darüber hinaus, einige Fachbegriffe näher kennenzulernen.

1. Ordne die Wörter aus der Filmklappe den Oberbegriffen zu, indem du sie in die passenden Zeilen schreibst.

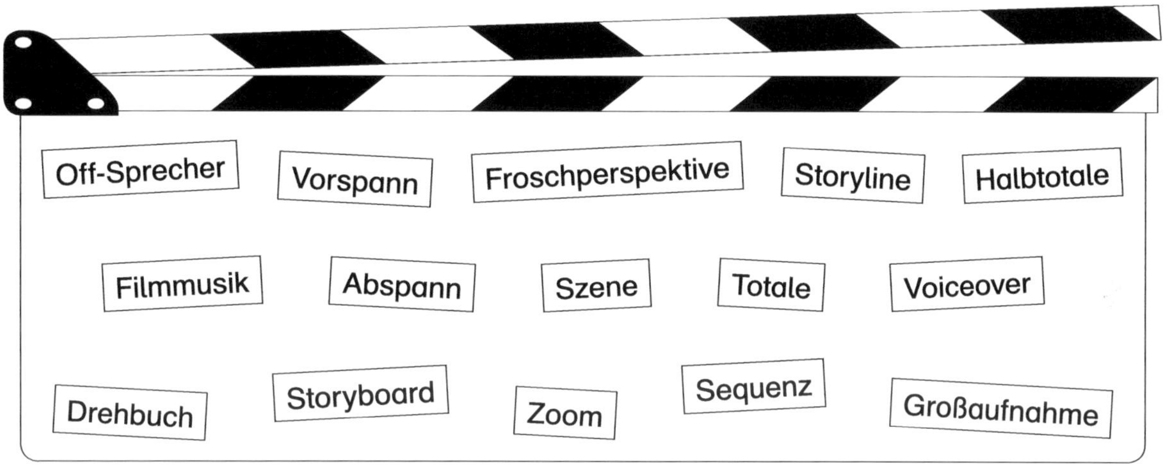

Off-Sprecher | Vorspann | Froschperspektive | Storyline | Halbtotale

Filmmusik | Abspann | Szene | Totale | Voiceover

Drehbuch | Storyboard | Zoom | Sequenz | Großaufnahme

Vorarbeit für einen Film / ein Video: ______________________

____

Bestandteile eines Films / Videos: ______________________

____

Kamera: ______________________

____

Ton: ______________________

2. Informiere dich über Kameraeinstellungen. Zeichne dann dasselbe Motiv in den drei angegebenen Einstellungen in die Rahmen.

Totale	Halbtotale	Großaufnahme

Name:

Meine Rechte – deine Rechte

Von ihrem Biologielehrer Herrn Wolf erfahren Nora, Isi, Esma, Mark und Lenny, dass es nicht zulässig ist, fremde Fotos oder Videos einfach „auszuleihen“ und auf YouTube zu veröffentlichen. Hohe Strafen drohen, wenn man dies dennoch macht.

1. Lies den Infotext über das Urheberrecht.

Wenn jemand etwas erschafft – ein Bild, eine Fotografie, einen Film, Musik, einen Text … –, dann ist er der Urheber dieses Werkes und hat als dieser besondere Rechte, die im **„Gesetz über Urheberrecht und verwandte Schutzrechte“** (kurz: **UrhG**) festgehalten sind. Verwendet jemand ein fremdes (nicht selbst erschaffenes) Werk und macht dieses öffentlich, indem er es beispielsweise auf YouTube lädt, so macht er sich strafbar. Er hat das UrhG mit seiner Handlung verletzt. Um das Werk veröffentlichen zu dürfen, bedarf es einer Einwilligung des Urhebers – und dabei können Einschränkungen geltend gemacht werden.

2. Was ist erlaubt? Markiere es mit einem Häkchen.

- ☐ Meine Freundin schenkt mir ein Foto von sich. Ich stelle es ins Netz.
- ☐ Im Internet habe ich ein cooles Bild entdeckt. Ich poste es auf Facebook.
- ☐ Mein Foto von der Geburtstagstorte meiner Schwester stelle ich ins Netz.
- ☐ Ich habe die Mülltonne meiner Nachbarn geknipst und veröffentliche das Bild.
- ☐ Meinen neuen Lieblingssong stelle ich samt eigener Diashow auf YouTube.
- ☐ Für meine Powerpoint-Präsentation füge ich Bilder aus dem Internet ein.

Name:

Typisch Mädchen? Typisch Junge?

1. Über tausend 12- bis 19-Jährige haben Auskunft über ihre Vorlieben auf YouTube gegeben. Sieh dir die Statistik an und beantworte dann die Fragen.

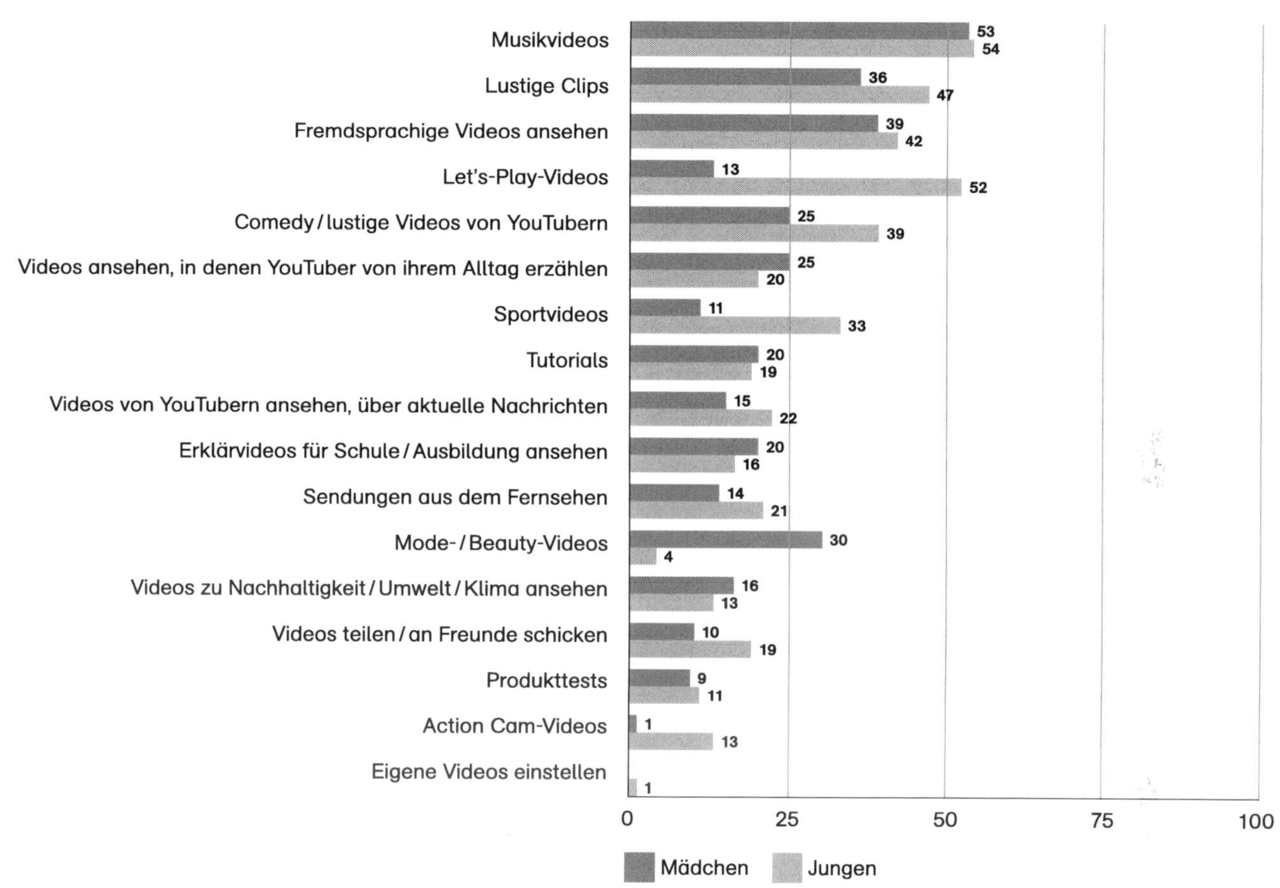

Quelle: JIM 2019, Angaben in Prozent, Basis: Befragte, die zumindest seltener YouTube nutzen

a) Wer nutzt YouTube intensiver, Mädchen oder Jungen? ____________________

____

b) Welche Art von Beiträgen sind bei Jungen besonders beliebt, welche weniger?

____

____

c) Gibt es klare Favoriten bei den Mädchen? ____________________

____

2. Bestätigen die Ergebnisse der Befragung deine persönlichen Erfahrungen? Erläutere im Heft.

Name:

Wie gut kennst du das Team?

Du hast Esma, Isi, Nora, Lenny und Mark nun schon ganz gut kennengelernt. Jeder von ihnen hat einen eigenständigen Charakter, aber was zeichnet diesen aus?

1. Ordne den einzelnen Figuren Eigenschaften zu. Du kannst dafür Adjektive aus dem Wortspeicher wählen. Mehrfache Zuordnungen sind möglich.

klug | gewissenhaft | sportlich | sprachbegabt | miesepetrig | mutig
motiviert | zeichnerisch begabt | neugierig | verplant | technisch versiert
fleißig | motivierend | engagiert | umweltbewusst | kindlich | kommunikativ

Esma: ______________________________

Isi: ______________________________

Nora: ______________________________

Mark: ______________________________

Lenny: ______________________________

2. Wer hat was gesagt? Verbinde.

„Musste dringend noch was zu Ende erzählen." •	• Lenny
„Das lass ich mir von euch nicht vermiesen." •	• Nora
„Leute, wir schaffen das!" •	• Mark
„Wie wär's mit einem Umweltthema?" •	• Esma

5. bis 7. Kapitel: Verseuchtes Wasser und ein Unwetter

Inhalt

5. Kapitel

Noras Geburtstagsfeier am Stausee wird ein voller Erfolg. Als Lenny am späten Nachmittag zum Schwimmtraining aufbrechen möchte, wird er von den anderen überzeugt, im See zu trainieren. Obwohl der hintere Teil des Gewässers abgesperrt ist, schwimmt Lenny auf die andere Uferseite. Dort scheint etwas nicht zu stimmen. Hustend und keuchend trifft Lenny wieder bei den Geburtstagsgästen ein. Seine Haut ist rot verfärbt und juckt. Lenny berichtet,

dass hinter der Absperrung zahlreiche Fische tot im Wasser schwimmen. Ist dort Gift im Wasser? Wäre das nicht ein Thema für ihr nächstes Umweltvideo? Lenny beschließt, auf jeden Fall die Stadt zu informieren.

Als sich die anderen Gäste langsam auf den Heimweg machen, möchte Lenny, inzwischen abgeduscht, noch einmal einen Blick auf die andere Seite des Sees zu werfen, diesmal zu Fuß und in Begleitung von Nora. Sie halten den furchtbaren Zustand des Gewässers und der Fische fotografisch fest. Auf ihrem Rückweg entdecken die beiden noch einen hellblauen Transporter, dessen Kennzeichen sie sich merken. Der Abend endet mit einem intensiven Blickwechsel zwischen Nora und Lenny.

6. Kapitel

Bei der nächsten Sitzung der *FürMorgen*-Gruppe berichtet Lenny von seinem Besuch im Rathaus. Er ist enttäuscht, denn bei der Stadt sieht man keinen Handlungsbedarf. Doch Lenny will nicht aufgeben und plant, der Sache auf den Grund zu gehen. Da dies noch etwas Zeit in Anspruch nehmen wird, soll das Thema erst in ihrem dritten Video aufgegriffen werden. Die fünf beratschlagen, was der Inhalt des nächsten Clips sein könnte, und entscheiden sich schließlich – mit Ausnahme von Mark – für das Thema Luftverschmutzung und Klimawandel.

Für das kommende Treffen der AG wurde viel recherchiert. Es ist allerdings klar geworden, dass man den Inhalten aus dem Internet nicht vorbehaltlos glauben darf. Nora hat sich vor allem mit dem Fleischkonsum beschäftigt. Sie nennt Zahlen und Fakten und führt, unterbrochen von Marks wenig konstruktiven Kommentaren, Gegenmaßnahmen an. Über den Verkehr als Verursacher von Luftverschmutzung hat Isi sich schlau gemacht. Auch über Möglichkeiten für Jugendliche, Strom zu sparen, sprechen die fünf. Aus dieser Themenvielfalt ein spannendes Video entstehen zu lassen wird sicher nicht einfach.

7. Kapitel

Als Lenny sich erneut zum Stausee aufmachen möchte, um weitere Fotos aufzunehmen und eine Wasserprobe zu holen, bricht ein heftiges Gewitter los. Beim nächsten AG-Treffen ist für die Truppe klar, dass der Klimawandel – verursacht durch die Menschen – zu solchen extremen Wettersituationen führt. Die Jugendlichen sehen dadurch die große Bedeutung ihres Themas für den Channel bestätigt.

Einige Tage später haben sie viel Material gesammelt, auch Interviews mit einem Biobauern und mit Jugendlichen aus Rautestein. Mark und Isi, die sich langsam näherkommen, wollen die Aufgabe übernehmen, daraus das zweite Video zusammenzustellen. Nachdem dies geregelt ist, berichtet Lenny von seinem erneuten Ausflug zum Stausee, von den dortigen Reifenspuren und davon, dass er den hellblauen Transporter vom See zufällig am Stadtrand auf dem Gelände der alten Werkzeugfabrik wiedergesehen und am Autokennzeichen erkannt hat. Die Gruppe beschließt Nachforschungen anzustellen. Freitagnacht soll es losgehen.

Nachdem Isi und Mark das Video fertig- und ins Netz gestellt haben, erntet *FürMorgen* viele neue Follower, aber auch Verleumdungen tauchen auf. Als Mark erkennt, dass sich auch bei Phil – dem männlichen Konkurrenten im Wettbewerb – diese Art von Kommentaren finden lässt, ist für die fünf klar, dass Samira ihre Finger im Spiel hat. Als sie diese zur Rede stellen, verspricht Samira, sich um die Sache zu kümmern. Offenbar steckt ein Mädchen aus ihrer Clique hinter den Kommentaren, die wenig später aus dem Netz verschwinden.

Thematische Schwerpunkte

- Prüfung der Textkenntnis
- ein umweltfreundliches Picknick
- Konsumverhalten beim Kleiderkauf (Selbstreflexion)
- Fleischkonsum und seine Folgen
- Medienkritik: Fake News entlarven

- Konsequenzen des Klimawandels
- Spracharbeit: direkte und indirekte Rede, aktiv/passiv, Satzlehre, Redensarten

Gesprächs- und Schreibanlässe

Zum 5. Kapitel

Überprüfung der Textkenntnis

- Woran erkennt man, dass Lenny Nora mag?
- Was entdeckt Lenny beim Schwimmen im Stausee?
- Was finden Nora und Lenny auf der anderen Uferseite alles vor?

Weiterführende Fragen

- Kennst du ähnliche Fälle, bei denen es zur Verschmutzung von Wasser kam?
- Welche Folgen kann es haben, wenn Trinkwasser verunreinigt wird?

Zum 6. Kapitel

Überprüfung der Textkenntnis

- Was spricht für das *FürMorgen*-Team gegen das Thema „Kauf- und Konsumwut"?
- Wer hat nach Lennys Recherchen ein Interesse daran, die Klimakrise zu leugnen, und was steht dahinter?
- Was hat unser Fleischkonsum laut Nora mit dem Klimawandel zu tun?
- Welche Punkte tragen die fünf zum Thema „Verkehr als Verursacher von Luftverschmutzung" zusammen?
- Wie können auch Jugendliche Strom sparen? Welche Beispiele werden im Buch genannt?

Weiterführende Fragen

- Bestellst du deine Kleidung meistens online oder gehst du lieber zum Einkaufen in Läden? Was sind die Vor- und Nachteile des Onlineshoppings?
- Laut Lenny passt Umweltschutz manchen Leuten nicht in den Kram, „weil sie dann weniger verdienen würden". Welche Gründe kann es noch geben, den Klimawandel zu leugnen?
- Könntest du dir vorstellen, deinen Fleischkonsum für das Klima einzuschränken oder ganz einzustellen?
- Was machst du konkret, um Strom zu sparen und die Umwelt zu schützen?

Unterrichtsvorschläge

- Im 6. Kapitel werden gleich mehrere Themenkomplexe angesprochen, die mit dem Klimawandel in Zusammenhang stehen: Kleidung, Ernährung (insbesondere Fleischkonsum), Verkehr sowie Energieverbrauch im Haushalt. Lassen Sie die Schüler in Gruppen Referate zu jeweils einem dieser Bereiche ausarbeiten und präsentieren. So können die im Buch aufgegriffenen Punkte vertieft werden.
- Mit Einwilligung der Klasse können Sie gemeinsam eine umweltfreundliche Woche planen und durchführen. Auf Plakaten werden hierfür zu unterschiedlichen Themenbereichen Vorschläge gesammelt, z. B. Müllvermeidung, emissionsfreie Fortbewegung und Einschränkung des Fleischkonsums. In einem „Tagebuch" kann jeder Schüler seine Erfahrungen und Fortschritte in Wort und Bild festhalten und am Ende der Woche präsentieren.

Zum 7. Kapitel

Überprüfung der Textkenntnis

- Welches Ereignis aus diesem Kapitel führt dazu, das die fünf Jugendlichen noch mehr von ihrem Thema für das zweite Video überzeugt sind? Erkläre den Zusammenhang.
- Was vermutet Lenny bezüglich des hellblauen Transporters, den er an verschiedenen Orten gesehen hat? Worauf gründet sich diese Vermutung?
- Warum glauben die fünf, dass Samira den Wettbewerb mithilfe von Kommentaren sabotieren will?
- Wodurch überrascht Samira den Leser am Ende des Kapitels?

Weiterführende Fragen

- Hast du schon einmal ein Unwetter miterlebt? Erzähle.
- Was geht dir durch den Kopf, wenn du in den Nachrichten Bilder von Umweltkatastrophen siehst?
- Glaubst du, dass es noch möglich ist, die Welt vor einer Klimakatastrophe zu bewahren? Was muss dafür politisch getan werden? Was kann jeder Einzelne tun?

Zu den Kopiervorlagen

Müll vermeiden – aber wie?

Mit diesem Blatt zum Satzbau kann die Wortart Konjunktion wiederholt werden. Die Schüler werden dazu angeregt, nicht immer dieselben Bindewörter zu verwenden. Weisen Sie darauf hin, dass es bei Aufgabe 2 verschiedene Lösungsmöglichkeiten gibt und besonderes Augenmerk auf die Kommasetzung zu legen ist.

Des Weiteren bietet das Arbeitsblatt Raum für Diskussionen über das eigene Konsum- und Wegwerfverhalten. Das Finden von umweltfreundlichen Alternativen in Aufgabe 3 macht den Schülern Spaß und kann weiterführend auf andere Bereiche ausgedehnt werden, z. B. das Schulfest oder die Klassenfahrt. Besonders motivierend ist es natürlich, wenn die Ideen auch tatsächlich umgesetzt werden. (Hilfreiche Anregungen zum Thema Umweltschutzmaßnahmen können Sie hier nachlesen: Aubre Andrus, 101 einfache Wege, die Welt zu retten. Was wir verändern können. Edel Kids Books, München 2019.)

Lösung
Aufgaben 1 und 2:
z. B. Eine Einladungskarte auf Papier ist eine schöne Geste, aber auch per E-Mail kann man coole Einladungen versenden.
Mit den Händen essen ist auch mal in Ordnung, denn Plastikbesteck landet nicht selten als Mikroplastik im Meer.
Mache selbst Limonade und fülle sie in leere Sprudelflaschen, dann kannst du Einwegflaschen vermeiden.
Es gibt toll verzierte Pappteller, doch die Verwendung von Geschirr aus Keramik schont die Umwelt.
Verwende zum Grillen Gemüse, Tofu oder Seitan, anstatt Fleisch zu kaufen.
Bastle Girlanden aus Stoff oder alten Zeitschriften, bevor du neue Girlanden aus Glitzerkarton kaufst.

Aufgabe 3:
individuelle Lösung

Aus indirekt wird direkt
Mithilfe dieser und der folgenden Kopiervorlage ist es möglich, das Gelesene noch einmal Revue passieren zu lassen und das Engagement des Achtklässlers Lenny hervorzuheben, der ins Rathaus geht, um sich Gehör zu verschaffen.

Gleichzeitig kann hier auf motivierende Weise das Umwandeln von indirekter in direkte Rede geübt werden. Weisen Sie vorab darauf hin, dass die direkte Rede dabei so nah wie möglich am Inhalt der indirekten Rede auszurichten ist.

Lösung
„Man hat das Wasser im See erst kürzlich geprüft."
„Es ist alles bestens, man kann das Wasser notfalls trinken."
„Dass es rot ist, kommt vermutlich von eisenhaltiger Erde."
„Schon wieder untersuchen ist viel zu teuer."

Aus direkt wird indirekt
Das hier geforderte Formulieren der indirekten Rede verlangt mehr Wissen als die umgekehrte Variante vom vorherigen Blatt. Fordern Sie die Schüler auf, trotz der Verwendung von „dass" den Konjunktiv I zu bilden, selbst wenn es in diesem Fall nicht zwingend erforderlich ist.

Die Aufgabe wird dadurch erleichtert, dass die Redebegleitsätze schon vorgegeben sind. Weiterführend können Sie die Schüler untersuchen lassen, welche Wörter in den Begleitsätzen Wertungen enthalten. Wie könnten die Sätze ohne Wertung lauten?

Lösung
„Der Bengel fragte mich, ob das Wasser im Stausee eigentlich regelmäßig geprüft werde."
„Dann behauptete der Junge doch glatt, dass mit dem Wasser etwas nicht stimme."
„Wütend schnaubte er, dass er dies nicht glaube. Das Wasser sei rot verfärbt und nach dem Baden habe sein ganzer Körper gejuckt."
„Unverschämt forderte er, wir müssten das Wasser unbedingt untersuchen."

Mein Konsumverhalten
Diese Kopiervorlage dient einer Selbstreflexion über das Konsum- und Kaufverhalten der Schüler. Kleidung steht hier deshalb im Mittelpunkt, weil sie gerade in der Pubertät eine wichtige Rolle für die Peergroup-Zugehörigkeit spielt.

Machen Sie die Ergebnisse nur anonym öffentlich oder holen Sie die ausdrückliche Zustimmung Ihrer Schüler ein. Die Auswertung kann auch individuell erfolgen. Mögliche weiterführende Fragen an die Schüler: „Bei welcher der von dir mit 3 oder 4 angekreuzten Aussagen könntest du dir vorstellen, etwas zu ändern? Was könnte einer Änderung deines Konsumverhaltens im Wege stehen?" Auch ein Gespräch über die Bedeutung von Kleidung als Statussymbol kann sich anschließen.

Mögliche Auswertung

Vier oder weniger Kreuze in Spalte 3 oder 4: Glückwunsch! Was Kleidung betrifft, bist du ein freier Mensch und kein Opfer deiner Konsumwut. Damit tust du auch etwas Gutes für die Umwelt.

Fünf bis zehn Kreuze in Spalte 3 oder 4: Dein Konsumverhalten ist grenzwertig. Kleidung ist wichtig für dich, beherrscht aber nicht dein Leben. Schau vor dem nächsten Kleiderkauf einfach noch einmal kurz nach, ob sich in den Tiefen deines Kleiderschranks nicht etwas Vergleichbares findet.

Mehr als zehn Kreuze in Spalte 3 oder 4: Du solltest dein Konsumverhalten überdenken. Klar, Shoppen macht Spaß. Das will dir ja auch niemand nehmen. Aber könntest du dabei nicht etwas gezielter und sparsamer vorgehen? Davon würdest nicht nur du selbst profitieren …

Sei aktiv – bilde Passivsätze!

Mit dieser Kopiervorlage haben Sie die Möglichkeit, das Thema „aktiv – passiv“ wieder ins Gedächtnis der Schüler zu rufen. Inhaltlich knüpft das Blatt an die Buchseiten 67/68 an, wo es um das Bestellen von Waren im Internet und mögliche Folgen für die Umwelt geht.

In Aufgabe 2 können sich die Schüler an den zuvor bearbeiteten Sätzen und den Aussagen von der Kopiervorlage „Mein Konsumverhalten“ (Seite 28) orientieren. Darüber hinaus sind aber auch ganz andere Maßnahmen denkbar.

Lösung

Aufgabe 1:

Die Hälfte davon wird (von ihnen) einfach wieder zurückgeschickt.
Die Umwelt wird (durch das meist kostenlose Hin- und Herschicken der Waren) geschädigt.
Der Ausstoß von Kohlendioxid wird (durch den Transport per Lkw) erhöht.
Selbst ungetragene Kleidung wird häufig (von den Unternehmen) entsorgt.
Für die Herstellung von Kleidungsstücken werden jede Menge Rohstoffe und Energie verbraucht.

Aufgabe 2:

z. B. Vermeidet das Zurücksenden von Waren!
Kauft nur Kleidungsstücke, die ihr wirklich braucht und tragt!
Achtet beim Kauf von Kleidung auf Textilsiegel wie z. B. den Grünen Knopf!
Tauscht Kleider, die ihr nicht mehr tragt!
Macht ungeliebte oder nicht mehr passende Kleidung durch Upcycling wieder attraktiv!

Das geht auf keine Kuhhaut!

Auf den Seiten 70/71 sowie 73 bis 75 des Buches geht es um die globalen Folgen von Fleischkonsum und Tierhaltung. Diese Kopiervorlage fügt den von Nora recherchierten Fakten weitere hinzu und fordert die Schüler dann dazu auf, die aus ihrer Sicht wichtigsten Informationen anschaulich in einer Grafik zusammenzufassen. Die Abbildung der Kuh kann mithilfe eines Projektors auf ein Plakat geworfen und per Hand in vergrößerter Form kopiert werden. So steht mehr Schreibfläche zur Verfügung.

Die den Zitaten angefügten Quellen regen die Schüler dazu an, selbst zu recherchieren, um weitere relevante Informationen zu sammeln. Das Thema eignet sich auch sehr gut, um fächerübergreifend zu arbeiten z. B. mit den Fächern Biologie, Erdkunde, Hauswirtschaft, Mathematik oder Ethik.

Lösung

aus dem Buch: z. B. Rodung des Regenwaldes für Rinderweiden und Sojaplantagen (als Futter), Methangas durch Rülpsen und Pupsen von Rindern (200 l täglich pro Rind)
von diesem Blatt: z. B. über 90 % des Sojas/über 50 % aller Ernten = Futtermittel, über 83 % der landwirtschaftlichen Fläche für Tiere und Futtermittel, 700 l Wasser pro 1 l Kuhmilch, Kälber werden innerhalb weniger Monate auf ihr dreifaches Gewicht gemästet, Wasserverschmutzung durch Fleischindustrie (Chemikalien, Tierkot)

Vegan und grammatikalisch korrekt

Hier bietet sich die Möglichkeit, das Thema Satzlehre zu wiederholen und zu üben. Gehen Sie vorab darauf ein, woran die Schüler einen Nebensatz (konjugiertes Verb an letzter Stelle) und einen Hauptsatz (kann für sich allein stehen) erkennen können. Anknüpfend an die Kopiervorlage „Müll vermeiden – aber wie?“ (Seite 25) wird auch noch einmal die Wortart Konjunktion hervorgehoben, da sie ebenfalls beim Erkennen von Satzarten hilfreich ist bzw. den Beginn oder das Ende eines Satzes kennzeichnen kann. Diesbezüglich finden Sie in Aufgabe 3 eine Fragestellung, die auf die Zeichensetzung abzielt.

Lösung

Aufgaben 1 und 2:

(Hauptsatz, Nebensatz, **Konjunktion**)
David ernährt sich vegan, **weil** er etwas für das Klima tun will.
Bevor Christina Veganerin wurde, hat sie sich intensiv mit Massentierhaltung auseinandergesetzt.
Fleisch, Fisch, Käse und Milch mochte Karim noch nie, **deshalb** entschied er sich für eine vegane Lebensweise.

Da Aliza Tiere liebt, käme es ihr seltsam vor, **wenn** sie tierische Produkte essen würde.
Aufgrund einer Lebensmittelallergie konsumiert Tobias keine tierischen Produkte, er ernährt sich rein pflanzlich.

Aufgabe 3:
Weil er etwas für das Klima tun will, ernährt sich David vegan.

Aufgabe 4:
Zwischen zwei Hauptsätzen steht ebenso ein Komma wie zwischen einem Haupt- und einem Nebensatz. Ist der Hauptsatz eingeschoben (wie im vierten Satz), muss vorher und nachher ein Komma gesetzt werden.

Fake News – schnell ermittelt!
Diese Kopiervorlage widmet sich dem Thema Falschmeldungen im Internet. Auch in der Lektüre wird das *FürMorgen*-Team damit konfrontiert (Seite 72/73). Der Entlarvung von Fake News sollte ein hoher Stellenwert eingeräumt werden, weil Ihre Schüler bei diversen Recherchen Quellen aus dem Internet heranziehen und das Medium sicher in ihrer Freizeit mindestens ebenso intensiv nutzen. Auch eignet sich eine Schulung des kritischen Umgangs mit Informationen aus dem Netz gut für das fächerübergreifende Arbeiten. Hilfreich ist der folgende Sachcomic: Gérald Bronner, Fake News und Verschwörungstheorien. Wie man Gerüchten nicht auf den Leim geht, Verlagshaus Jacoby & Stuart, Berlin 2019.

Lösung
SEI CLEVER!

Unwetter und andere Katastrophen
Ein schweres Gewitter verursacht Sachschäden in Rautestein und macht das *FürMorgen*-Team nachdenklich. Mithilfe dieser Kopiervorlage gehen Ihre Schüler der Entstehung von Gewittern und deren Zunahme im Zusammenhang mit dem Klimawandel auf den Grund. Das folgende Buch kann dabei helfen, den Klimawandel anhand von kurzen, informativen Texten und anschaulichen Grafiken besser zu verstehen: David Nelles, Christian Serrer, Kleine Gase – Große Wirkung: Der Klimawandel, Friedrichshafen 2018 (Informationen unter: *www.klimawandel-buch.de*).

Lösung
Der Klimawandel verursacht einen Anstieg der Temperaturen weltweit. So nimmt beispielsweise die Zahl der Hitzerekorde zu, während extreme Kälteperioden seltener werden. Die Hitzewellen führen in vielen Gebieten der Welt zu Dürre und zu einer erhöhten Brandgefahr. Waldbrände dauern durchschnittlich länger als noch vor dreißig Jahren.
Die höheren Temperaturen bewirken aber auch, dass mehr Wasserdampf von der Luft aufgenommen wird und mehr Wasser verdunstet. Das bedeutet, dass der Wasserdampfgehalt in der Atmosphäre steigt und zu heftigen Niederschlägen führt. Gewitter entstehen zudem dann, wenn durch die hohe Aufnahme von Feuchtigkeit in der Luft bei der Kondensation viel Energie frei wird. Ähnlich verhält es sich mit der Entstehung von starken Stürmen.

KV
Seite 34

Von Wölfen und Unschuldslämmern
Viele Redewendungen, die früher „in aller Munde" waren, sind heutigen Schülern nicht mehr geläufig. Das ist schade, weil unsere Sprache durch Sprichwörter und Redewendungen reicher und anschaulicher wird. Darüber hinaus bieten sie, wenn man ihrer Entstehung auf den Grund geht, oft spannende historische Einblicke. Im Internet gibt es zahlreiche Hilfen zum Thema, empfehlenswert ist u.a. die Seite *www.geo.de/geolino/redewendungen*.

Lassen Sie die Schüler im Anschluss weitere Redewendungen und Sprichwörter mit Tieren finden. Eine andere Möglichkeit, das Thema zu vertiefen, bietet das schöne Memo-Legespiel „Die Wände haben Ohren", das vor allem von Philip Waechters witzigen Verbildlichungen lebt (MeterMorphosen Verlag).

Lösung
Aufgabe 1:
Die spinnen doch. / Die sind doch nicht ganz bei Verstand!
Wir müssen Miss Spliss zur Rede stellen.
Jetzt tu doch nicht so unschuldig.

Aufgabe 2:
Da liegt der Hase im Pfeffer. / Da liegt der Hund begraben.
der Wolf im Schafspelz

Kreativ aktiv

Rollenspiel mit Improvisation
Lassen Sie Ihre Schüler die Picknickszene aus dem 5. Kapitel nachspielen. Ausgangspunkt ist die Textstelle auf Seite 58, in der Lenny von seinem „Schwimmtraining" zurückkommt. Es kann entweder bis Seite 60, Zeile 8 (Lenny geht zur Dusche) oder bis Seite 61, Zeile 12 (Lenny beschließt, die Stadt zu informieren) gespielt werden.

Für die Szene braucht man mindestens sieben Schüler (Lenny, Nora, Isi, Mark, Esma, Noras Freundin und einen Regisseur), gerne auch zwei bis drei mehr. Sie bekommen den Auftrag, die Szene einzustudieren und dann einmal vorzuspielen. Dabei können sie den Text ablesen, auswendig lernen oder passend zum Text improvisieren.

Beim nächsten Durchgang gibt der Regisseur immer wieder spontan Anweisungen, die von Ihnen oder von anderen Schülern im Vorfeld in großer Schrift auf Moderationskarten geschrieben wurden, z. B. „traurig", „lustig", „schnell", „in Zeitlupe", „frech" oder „mit Akzent". Wird eine solche Karte hochgehalten, müssen die Schauspieler ihr Rollenspiel sofort daran anpassen.

Sie werden sehen, dass diese Art des Rollenspiels viel Spaß macht und womöglich sogar das ein oder andere Talent zum Vorschein bringt.

Name:

Müll vermeiden – aber wie?

Nora versucht Müll zu vermeiden, bevor er überhaupt entsteht. Ein gutes Beispiel dafür ist ihr Geburtstagspicknick. Willst du auch ein Picknick mit Freunden machen? Hier ein paar Tipps, wie du die Umwelt dabei schonen kannst.

1. Zu jedem Satz von der linken Seite gehört ein Satz oder Satzteil von der rechten Seite. Verbinde passend mit Linien.

2. Mit einigen der folgenden Konjunktionen kannst du aus jeweils zwei verbundenen Streifen einen einzigen Satz machen. Schreibe in dein Heft.

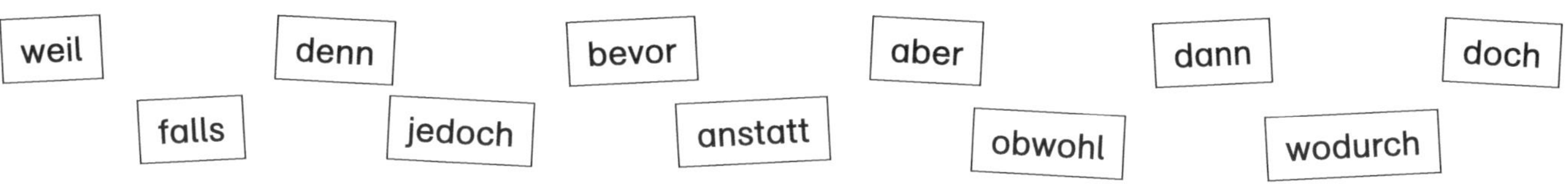

Eine Einladungskarte auf Papier ist eine schöne Geste, aber auch per E-Mail …

3. Hast du noch weitere Vorschläge für ein umweltfreundliches Picknick? Notiere deine Ideen und stelle sie den anderen vor.

Name:

Aus indirekt wird direkt

Lenny macht sich nach seinem frustrierenden Erlebnis im Rathaus bei seinen Freunden Luft. Er erzählt dem *FürMorgen*-Team, was vorgefallen ist. Dabei verwendet er die indirekte Rede.

Lies die Textbeispiele und forme sie in die direkte Rede um. Füge diese in die Sprechblasen ein.

Lenny: „Jemand teilte mir mit, man habe das Wasser im See erst kürzlich geprüft."

Lenny: „Es sei alles bestens, man könne das Wasser notfalls trinken."

Lenny: „Dass es rot ist, käme vermutlich von eisenhaltiger Erde."

Lenny: „Schon wieder untersuchen sei viel zu teuer."

Name:

Aus direkt wird indirekt

Natürlich stellte Lenny dem Beamten im Rathaus auch konkrete Fragen zum Stausee. Stell dir vor, dass dieser Beamte seiner Kollegin von dem Besuch erzählt.

Forme Lennys Fragen und Aussagen in die indirekte Rede um. Ergänze den Text in den Sprechblasen.

Lenny: „Wird das Wasser im Stausee eigentlich regelmäßig geprüft?"

Der Bengel fragte mich, ob das ______________________

____

Lenny: „Etwas stimmt mit dem Wasser nicht!"

Dann behauptete der Junge doch glatt, dass __________

____

Lenny: „Das glaube ich nicht. Das Wasser ist rot verfärbt und nach dem Baden hat mein ganzer Körper gejuckt."

Wütend schnaubte er, dass ______________________

____

____

Lenny: „Sie müssen das Wasser unbedingt untersuchen!"

Unverschämt forderte er, ______________________

____

Name:

Mein Konsumverhalten

Nora hat einige Ideen für das nächste Video. Auch die „Kauf- und Konsumwut", insbesondere in Bezug auf Klamotten, wäre ihr einen Beitrag wert.

Wie steht es mit deinem Konsumverhalten, was Kleidung betrifft? Kreuze an.

4 = trifft voll zu, 0 = trifft gar nicht zu	4	3	2	1	0
Ich kaufe etwa einmal pro Woche ein neues Kleidungsstück.					
Wenn besondere Anlässe anstehen, kaufe ich fast immer ein neues Kleidungsstück.					
Zu feierlichen Anlässen trage ich nie dasselbe.					
Ich habe mehr als fünf Jeans.					
Für jede neue Saison gehe ich Klamotten shoppen.					
Ich liebe es, Kleider zu kaufen.					
Jeder sollte mehr als zwanzig T-Shirts besitzen.					
Ich trage an jedem Wochentag etwas anderes.					
Mein Kleiderschrank platzt aus allen Nähten.					
Kleider tauschen ist nichts für mich.					
Zu einer neuen Hose brauche ich die passenden Schuhe.					
Ich besitze mehr als drei Paar Sneaker.					
Mit meinen Klamotten zeige ich, wer ich bin.					
Viele Klamotten trage ich nur ein- bis zweimal.					
Ich gebe mehr als zwei Drittel meines Taschengelds für Klamotten aus.					
Ich kaufe eine neue Jacke, auch wenn die alte eigentlich noch okay ist.					
Man kann nie genug Kleidungsstücke haben.					
Ich miste mehrmals pro Jahr meinen Kleiderschrank aus.					

Name:

Sei aktiv – bilde Passivsätze!

Im 6. Kapitel geht es um Probleme, die durch den Kauf von Kleidung entstehen können.

1. Lies folgende Aussagen und wandle die Aktivsätze in Passivsätze um.

Beispiel: Die Leute bestellen sich übers Internet massenhaft Klamotten.
Übers Internet werden (von den Leuten) massenhaft Klamotten bestellt.

Die Hälfte davon schicken sie einfach wieder zurück.

Das meist kostenlose Hin- und Herschicken der Waren schadet der Umwelt.

Durch den Transport per Lkw erhöht sich der Ausstoß von Kohlendioxid.

Die Unternehmen entsorgen häufig selbst ungetragene Kleidung.

Man verbraucht jede Menge Rohstoffe und Energie für die Herstellung von Kleidungsstücken.

2. Mit welchen Maßnahmen könnt ihr in Sachen Kleidung Umweltbewusstsein zeigen? Schreibe passende Aufforderungssätze ins Heft.

Beispiel:
Kauft eure Kleidung in lokalen Geschäften!

Name:

Das geht auf keine Kuhhaut!

Es gibt viele gute Gründe, seinen Fleischkonsum einzuschränken. Ergänzend zu Noras Recherchen findest du hier weitere Fakten, die zum Nachdenken anregen.

Trage wichtige Informationen, Daten und Zahlen aus dem Buch und von diesem Blatt in die Grafik unten ein – pro freies Feld eine Information.

„Über 90 Prozent des weltweit angebauten Sojas und über 50 Prozent aller Ernten werden als Futtermittel genutzt. Mehr als 83 Prozent der landwirtschaftlich genutzten Flächen werden für Tierhaltung und Futtermittel verwendet.“ *https://www.peta.de/umwelt* (Stand: 17.7.2020)

„Für die Herstellung eines Liters Milch werden etwa 700 Liter Wasser benötigt.“ *https://blog.energiedienst.de/virtuelles-wasser/* (Stand: 17.7.2020)

„Kälber werden innerhalb von 13 bis 16 Wochen teilweise auf mehr als das Dreifache ihres Ausgangsgewichtes gemästet.“ *https://albert-schweitzer-stiftung.de/massentierhaltung/mastrinder* (Stand: 17.7.2020)

„Die Fleischindustrie gehört zu den Hauptschuldigen beim Thema Wasserverschmutzung, weil Tierkot und Chemikalien ins Grundwasser gelangen, und von dort aus auch in Flüsse und Meere.“

Isabel Thomas, Alex Paterson. Was soll der ganze Müll? 50 Dinge, die du tun kannst, um die Welt zu retten. Carlsen Verlag, Hamburg 2020, S. 12

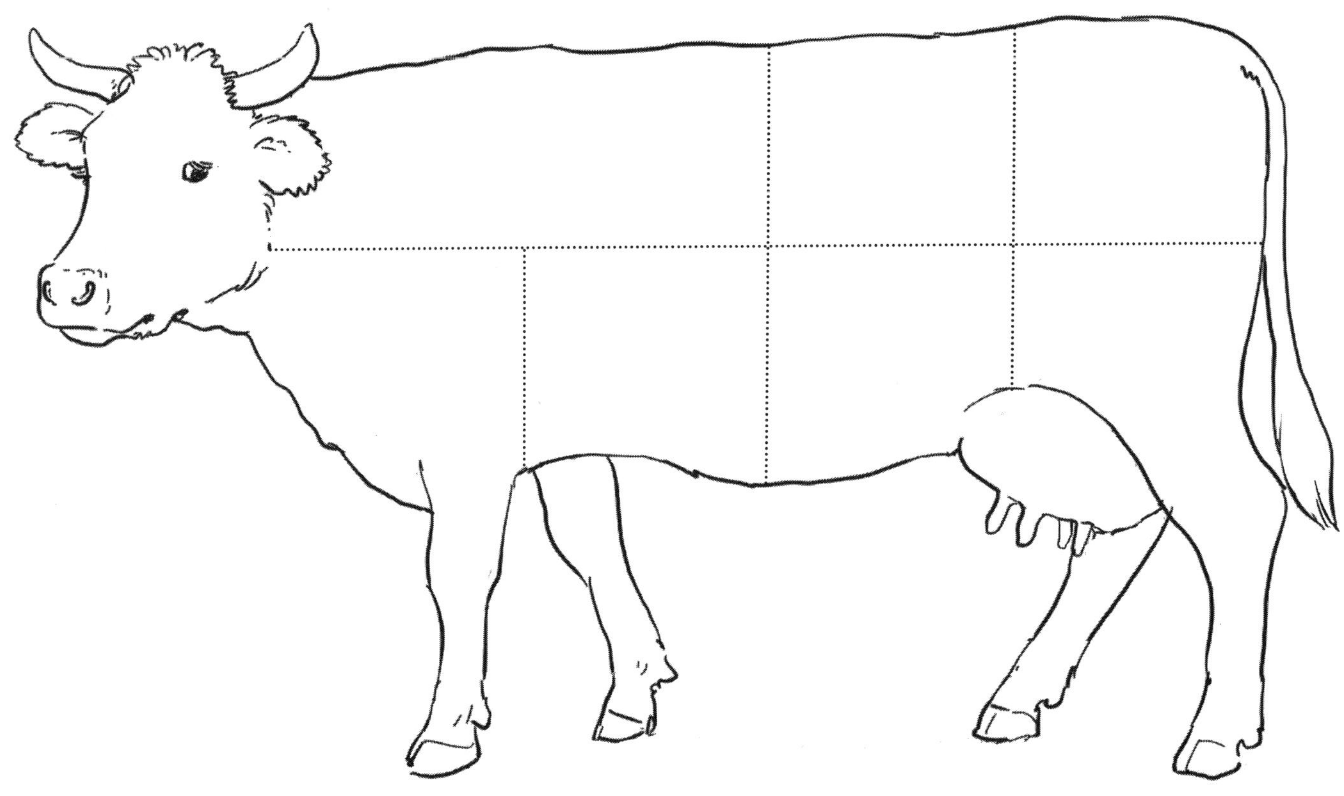

Name:

Vegan und grammatikalisch korrekt

Auf tierische Nahrungsmittel zu verzichten kann ganz verschiedene Ursachen haben.

1. Unterstreiche bei den folgenden Sätzen alle Hauptsätze blau und alle Nebensätze grün.

David ernährt sich vegan, weil er etwas für das Klima tun will.

Bevor Christina Veganerin wurde, hat sie sich intensiv mit Massentierhaltung auseinandergesetzt.

Fleisch, Fisch, Käse und Milch mochte Karim noch nie, deshalb entschied er sich für eine vegane Lebensweise.

Da Aliza Tiere liebt, käme es ihr seltsam vor, wenn sie tierische Produkte essen würde.

Aufgrund einer Lebensmittelallergie konsumiert Tobias keine tierischen Produkte, er ernährt sich rein pflanzlich.

2. Kreise die Konjunktionen bei den Sätzen aus Aufgabe 1 ein.

3. Welchen Satz kannst du so umstellen, dass der Nebensatz am Satzbeginn steht? Stelle um und schreibe auf.

____

____

4. Achte auf die Kommasetzung. Kannst du eine Regel aufstellen? Schreibe sie auf.

____

____

____

____

Name:

Fake News – schnell ermittelt!

Bei seinen Recherchen für das zweite Video erkennt Lenny, dass falsche Informationen im Netz weit verbreitet sind. Doch wie kann man solche Fake News erkennen?

Wahr oder fake? Markiere nur die Buchstaben neben den richtigen Aussagen. So ergibt sich eine Lösung. Trage sie unten ein.

Um zu erkennen, ob eine Information einen hohen Wahrheitsgehalt hat, musst du auf den Verfasser des Textes und seine Absichten achten.

Hat eine Person mit Doktortitel den Text verfasst, ist der Inhalt sicher korrekt.

CK Vor allem die Angabe von Zahlen und Daten weisen auf den hohen Wahrheitsgehalt einer Information hin.

Wenn du an etwas glaubst, findest du im Internet vieles, was deine Einstellung unterstützt.

O Brauche ich neutrale Informationen, finde ich sie am ehesten im Internet.

Das Internet arbeitet mithilfe eines Filters. Wenn du also oft Fake News und Seiten mit Verschwörungstheorien aufrufst, werden dir auch bei deiner weiteren Suche vorrangig solche Seiten vorgeschlagen.

LE Wenn jemand aus einem oder mehreren zufälligen Ereignissen etwas Schicksalhaftes macht, weist dies meist auf Fake News hin.

Darstellungen, die Dinge ganz einfach erscheinen lassen, sollte man zunächst kritisch betrachten.

ER Die Macher von Fake News nutzen den Sachverhalt, dass wir dazu tendieren, den leichteren Weg zu wählen, anstatt die (oft komplexe) Wahrheit herauszufinden.

Die Lösung lautet:

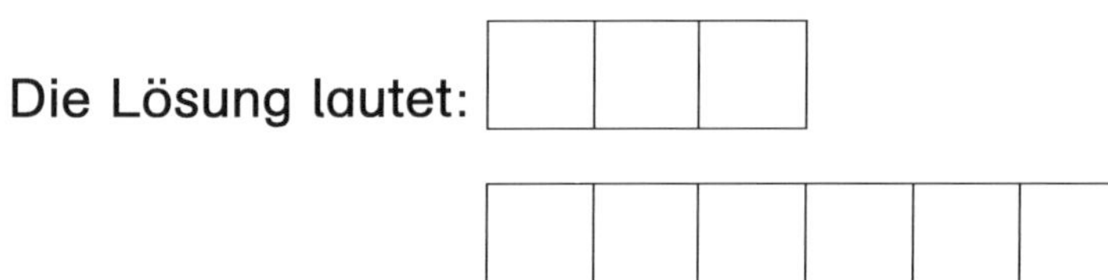

Name:

Unwetter und andere Katastrophen

Ein schwerer Sturm verursacht in Rautestein zahlreiche Schäden. Lenny hat recherchiert und herausgefunden, dass ein Zusammenhang zwischen der Zunahme von Unwettern und dem Klimawandel besteht.

Setze die folgenden Begriffe passend in den Lückentext ein.

Niederschlägen	starken Stürmen	Brandgefahr	Klimawandel
Wasserdampf	Hitzerekorde	Gewitter	

Der ______________________ verursacht einen Anstieg der Temperaturen weltweit. So nimmt beispielsweise die Zahl der ______________________ zu, während extreme Kälteperioden seltener werden. Die Hitzewellen führen in vielen Gebieten der Welt zu Dürre und zu einer erhöhten ______________________. Waldbrände dauern durchschnittlich länger als noch vor dreißig Jahren.

Die höheren Temperaturen bewirken aber auch, dass mehr ______________________ von der Luft aufgenommen wird und mehr Wasser verdunstet. Das bedeutet, dass der Wasserdampfgehalt in der Atmosphäre steigt und zu heftigen ______________________ führt. ______________________ entstehen zudem dann, wenn durch die hohe Aufnahme von Feuchtigkeit in der Luft bei der Kondensation viel Energie frei wird. Ähnlich verhält es sich mit der Entstehung von ______________________ ______________________.

Name:

Von Wölfen und Unschuldslämmern

Geschafft: Das zweite Video ist online! Doch wenig später finden die fünf Schüler des *FürMorgen*-Teams verleumderische Kommentare auf ihrem YouTube-Channel. Wer steckt dahinter?

1. Was bedeuten die folgenden Redewendungen aus dem Buch? Finde passende „Übersetzungen".

Die haben doch nicht alle Latten am Zaun!

____

Wir müssen uns Miss Spliss vorknöpfen.

____

____

Jetzt spiel nicht das Unschuldslamm.

____

2. Welche Redewendungen fallen dir zu den folgenden Situationen ein? Schreibe auf. (Tipp: In beiden kommen Tiere vor.)

Jemand, der erkennt, woher ein Problem stammt, sagt:

____

Eine Person, die hinterhältig ist, sich aber ganz harmlos gibt, nennt man:

____

8. bis 10. Kapitel: Dramatisches Finale

Inhalt

8. Kapitel

In der Nacht treffen sich die fünf Freunde auf einem einsamen Parkplatz. Alle sind schwarz gekleidet und mit Handys ausgestattet. Dort angekommen, wo Lenny den hellblauen Transporter gesehen hat, klettern sie durch ein Loch im Zaun, was vor allem Isi Probleme bereitet, da sie nachtblind ist.

Im Dunkeln entdecken sie zwei Männer, die einen Kanister auf den Transporter laden. Während Lenny alles filmt, greift plötzlich eine fremde Hand nach ihm und jemand brüllt ihm etwas ins Ohr, das er nicht versteht. Zum Weglaufen ist es zu spät. Die Jugendlichen werden wenig später von vier Männern eine Treppe hinuntergeschleppt und in einen heruntergekommenen Raum gesperrt. Verzweifelt stellen sie fest, dass Isi fehlt und sie von der Außenwelt abgeschnitten sind. An Ausbruch ist nicht zu denken. Lenny plagt ein schlechtes Gewissen, weil er denkt, er sei an allem schuld.

9. Kapitel

Stunden sind vergangen, als die vier Stimmen und Schritte hören. Zum Glück sind es nicht die Männer, die sie eingesperrt haben, sondern zwei Polizisten. Isi hat sie alarmiert, nachdem sie sich zunächst versteckt, dann alles gefilmt und schließlich die Vorgänge gemeldet hat.

Isis Vater wartet im Auto auf sie und auch die Eltern der anderen Schüler sind informiert. Die Männer sind in Verwahrung. Hauptmeister Schmitzke, einer der Polizisten, bestellt die fünf für den Nachmittag ins Präsidium.

Dort möchte Schmitzke die Gründe für ihre gefährliche Aktion wissen. Er erfährt von dem Gift im See und dem Channel, wobei sich herausstellt, dass er die Beiträge des *FürMorgen*-Teams bereits kennt und schätzt. Die Zustimmung des Polizisten, dass sie über den Fall in ihrem dritten Video berichten dürfen, bekommen sie zunächst nicht, aber Schmitzke verspricht, sich für sie einzusetzen.

10. Kapitel

Tatsächlich darf die AG Teile der Ermittlungen für ihr Video nutzen. Die Jugendlichen erfahren, dass es aufgrund ihres Handelns endlich zu Wasseruntersuchungen gekommen ist und gefährliche Schwermetalle nachgewiesen werden konnten. Der See muss gesperrt werden. Auch der Verdacht, dass mit dem hellblauen Wagen giftige Abwasser zum Stausee transportiert wurden, bestätigt sich. So sollten Entsorgungsgebühren gespart werden. Hinzu kommen weitere Delikte, die im Zusammenhang mit dem Umweltskandal stehen.

Jetzt müssen die fünf schnell sein, denn auch andere Medien wollen von dem Fall berichten. Trotz technischer Mängel gelingt es Mark und Isi erneut, aus dem Material ein tolles Video zusammenzustellen. Die Unterstützung für die Umweltaktivisten geht daraufhin durch die Decke. Aber werden es auch genug Follower sein, damit sie den Zuschlag für den Jugendkanal bekommen?

Am Tag der Entscheidung gibt es ein Kopf-an-Kopf-Rennen zwischen dem Mode-Channel von Samira, die sich im Übrigen für ihre Arbeit von den Boutiquenbesitzern hat bezahlen lassen, und jenem des *FürMorgen*-Teams. Dann ist klar: Isi, Nora, Esma, Mark und Lenny haben gewonnen!

Wenige Tage später berichten sie auch in der Schülerzeitung von ihrem Abenteuer und fordern die Bewohner der Stadt Rautestein auf, sich für die Umwelt einzusetzen. Die Hefte verkaufen sich gut und viele Rautesteiner folgen dem Appell, für mehr Klimaschutz zu demonstrieren. Der Einsatz des *FürMorgen*-Teams hat sich also gelohnt – auch privat, denn sowohl Nora und Lenny als auch Mark und Isi sind sich bei dem Projekt nähergekommen.

Thematische Schwerpunkte

- Prüfung der Textkenntnis sowie wichtiger Inhalte der Unterrichtseinheit
- Textsorten kennenlernen: das Protokoll, der Zeitungsbericht
- Rechtschreibung: Nominalisierung
- Spracharbeit: Fachbegriffe aus der Kriminalistik

Gesprächs- und Schreibanlässe

Zum 8. Kapitel

Überprüfung der Textkenntnis

- Welches Problem macht Isi bei der nächtlichen Aktion zu schaffen?
- Warum informieren Nora, Esma, Mark oder Lenny nicht die Polizei, als sie eingesperrt sind?
- Was ist mit Lennys Smartphone passiert?

Weiterführende Fragen

- Recherchiere im Internet den Begriff „Nachtblindheit". Wie ist die lateinische Bezeichnung? Welche Einschränkungen hat jemand, der nachtblind ist?
- Wie findest du die Idee, sich nachts unerlaubt Zutritt zu einem fremden Grundstück zu verschaffen? Welche Gefühle kommen bei dir hoch, wenn du dich in eine der Figuren hineinversetzt?

Zum 9. Kapitel

Überprüfung der Textkenntnis

- Was hat Isi mit dem Erscheinen der Polizisten zu tun?
- Was verspricht Hauptmeister Schmitzke dem *FürMorgen*-Team?

Weiterführende Fragen

- Wie lautet der Polizeinotruf? Welche Informationen sollte man der Polizei im Falle einer Notsituation mitteilen?
- Warum sollen die Eltern die fünf Schüler möglichst auf das Polizeipräsidium begleiten?
- Wie reagieren die Eltern der Jugendlichen auf die nächtliche Aktion? Kannst du ihre Reaktionen verstehen?

Zum 10. Kapitel

Überprüfung der Textkenntnis

- In den Stausee wurde tatsächlich giftiges Abwasser geleitet. Welche Delikte wurden darüber hinaus noch begangen?
- Auf Seite 123 heißt es: „Die Katastrophe ist sozusagen vor der Haustür angelangt." Erkläre.
- Zwischen wem findet am Ende des Video-Wettbewerbs ein Kopf-an-Kopf-Rennen statt und wer gewinnt?
- Warum kann man Samira als „geschäftstüchtig" bezeichnen?

Weiterführende Fragen

- Samira ist auf einem guten Weg, eine Influencerin zu werden. Kann man damit Geld verdienen? Wie funktioniert das?
- Hast du schon einmal für oder gegen etwas demonstriert? Berichte.

Zu den Kopiervorlagen

Achtung, Hindernisse!

Bei dieser Kopiervorlage zum 8. Kapitel ist genaues Lesen gefragt. Aufgabe 2 können Sie dadurch vereinfachen, dass Sie den Schülern die entsprechenden Seitenzahlen (vgl. Lösung) an die Hand geben. Die Aufgabe bietet eine gute Basis für das Verfassen eines inneren Monologs aus der Sicht von Esma.

Bei Aufgabe 3 sollen die Schüler zunächst ihre eigenen Bedenken notieren. Anschließend können diese vorgelesen und zur Diskussion gestellt werden. Vielleicht haben einzelne Schüler bereits ähnliche aufregende Situationen erlebt und wollen davon erzählen?

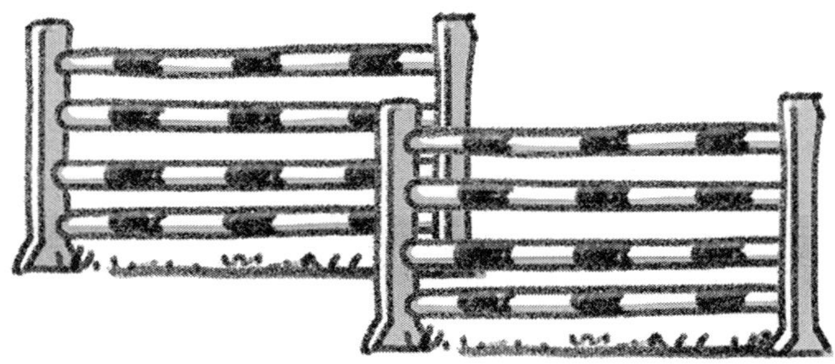

Lösung

Aufgabe 1:

Mark: Seine Eltern sind nicht schlafen gegangen.
Esma: Sie wäre fast eingeschlafen.
Nora: Ihr Bruder hat noch ferngesehen. Deshalb ist sie aus dem Fenster geklettert.
Isi: Ihr ist ein Nachbar begegnet, der sie eventuell erkannt hat.

Aufgabe 2:

Hoffentlich werden wir nicht entdeckt oder von einem Wachhund angegriffen. (S. 94)
Sind da etwa Leute? (S. 95)
Keine Ahnung, wo wir sind. Ich hab Angst! (S. 99)
Was haben die Männer nur mit Isi angestellt? (S. 100)
Ich will nicht sterben. (S. 103)

Aufgabe 3:

individuelle Lösung

Geschehnisse der Nacht

Wie aufmerksam die Schüler das 8. und 9. Kapitel gelesen haben, lässt sich mithilfe dieses Kreuzworträtsels auf motivierende Art testen. Werden die gesuchten Wörter der Nummerierung entsprechend eingetragen, hilft ab dem zweiten Begriff immer mindestens ein vorhandener Buchstabe bei der Lösung. Das Lösungswort dient zur Selbstkontrolle.

Lösung

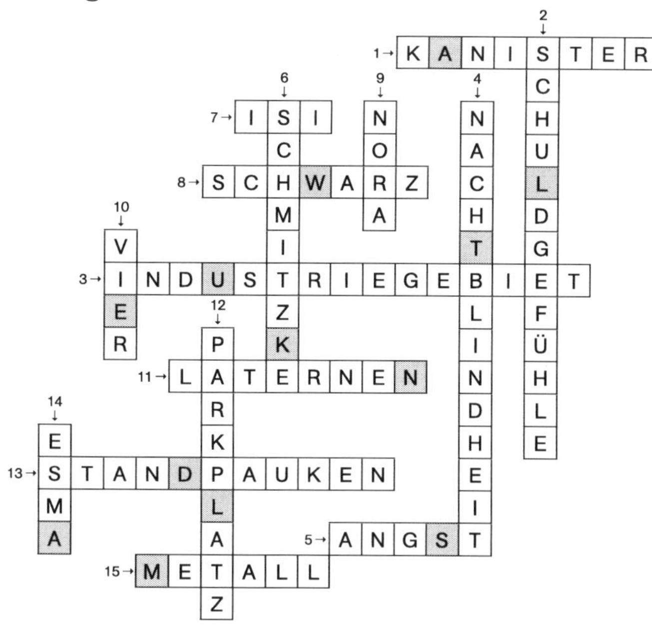

Lösungswort: UMWELTSKANDAL

Das Protokoll

Die Textsorte Protokoll kann mithilfe dieser Kopiervorlage eingeführt oder wiederholt werden. Weisen Sie die Schüler vor dem Ausfüllen darauf hin, dass sie fehlende Informationen sinnvoll ergänzen dürfen, beispielsweise die Nachnamen der Figuren oder das genaue Datum.

Lösung

Aufgabe 1:

z. B. Ort: Polizeiwache Rautestein

Datum: Samstag, den (Datum im Zeitraum Ende Juni)

Beginn: 16.15 Uhr / Ende: 16.45 Uhr

Anwesende: Nora Maier, Esma Sabia, Isabell Bergmann, Lenny Schulz, Mark Feldheimer, Johanna Maier (Noras Mutter), Adil Sabia (Esmas Vater)

Protokollant/Protokollantin: Polizeihauptmeister Rolf Schmitzke

Thema: unbefugtes Betreten des ehemaligen Fabrikgeländes und dessen Folgen

TOP 1: Wiedergabe der Vorgeschichte durch Lenny Schulz

- Geburtstagsfeier am Stausee, beim Schwimmen Absperrung missachtet, Beschreibung des Wassers: rot, ölig, nach Metall riechend, tote Fische; Entdeckung des Transporters mit Kennzeichen RST – NB 126

Aufgabe 2:

Hier kann zunächst stichwortartig die weitere Vorgeschichte aus Lennys Sicht wiedergegeben werden (vgl. 6. und 7. Kapitel: folgenlose Meldung im Rathaus, erneutes Auftauchen des Transporters auf dem ehemaligen Fabrikgelände, Einweihung der anderen, Entschluss, der Sache auf den Grund zu gehen). Dann können die Jugendlichen gemeinsam die nächtlichen Geschehnisse auf dem Fabrikgelände schildern (vgl. 8. Kapitel). Abschließen soll das Protokoll mit den Angaben Ort, Datum und Unterschrift des Protokollanten.

Delikte und Beweismittel

Die Kopiervorlage ermöglicht es den Schülern, die Gesamtheit des Verbrechens zu erfassen. Das Unterscheiden von Begriffen wie Delikt und Beweismittel ist hilfreich und kann in eine Sammlung von Fachbegriffen aus dem Bereich Recht oder Kriminalistik münden. Dass auch das *FürMorgen*-Team nicht ganz rechtskonform gehandelt hat, soll mithilfe von Aufgabe 2 verdeutlicht werden.

Lösung

Aufgabe 1:

Delikt 1: Abwasser von der Metallverarbeitung wurde in den Stausee geleitet.

Delikt 2: Giftige Stoffe wurden nicht ordnungsgemäß entsorgt, um Geld zu sparen.

Delikt 3: Fabrik war nicht (als Gewerbe) angemeldet.

Delikt 4: Schwarzarbeit

Delikt 5: Markenpiraterie

Delikt 6: unrechtmäßiger Verkauf von gefälschter Ware

Aufgabe 2:

Verstoß 1: Missachtung der Absperrung am Stausee

Verstoß 2: unbefugtes Betreten des ehemaligen Fabrikgeländes

Aufgabe 3:
Wasserprobe aus dem Stausee, Fotos vom verseuchten Wasser und den toten Fischen, Fotos von den Autospuren in Ufernähe, Lennys Film von der Verladung der Kanister, Isis Video von der Verschleppung der anderen vier

Zeitungsbeitrag mit Fehlern
Zur Einübung der korrekten Rechtschreibung, insbesondere der Großschreibung bei Nominalisierungen, kann diese Kopiervorlage eingesetzt werden. Ebenso können Sie anhand des Berichts die Merkmale dieser Textsorte besprechen oder wiederholen. Für die Fortsetzung des Zeitungsbeitrags schließlich (Aufgabe 3) ist gute Textkenntnis erforderlich.

Lösung
Aufgabe 1:
Giftskandal am Stausee
fmt. RAUTESTEIN. Kaum zu glauben, aber wahr: Seit geraumer Zeit gelangen giftige Substanzen in unseren Stausee und machen das Baden darin zu einer gesundheitsgefährdenden Aktion.
Lenny S. – ein Schüler der 8. Klasse unserer Schule und Mitglied der Schülerzeitungs-AG – beschloss vor einigen Tagen, sein Schwimmtraining im Rautesteiner Stausee zu absolvieren. Beim Überqueren des Sees machte er am Südufer eine unerwartete Entdeckung: Zahlreiche tote Fische trieben auf dem Wasser umher, auf dessen Oberfläche ein rötlicher, öliger Film schwamm. Der Schüler kehrte sofort um. Beim Verlassen des Wassers stellten er und weitere Schüler unserer Schule und des Zeitungsteams, die sich am See zum Feiern getroffen hatten, fest, dass die ölige Substanz auf seiner Haut haftete und Reizungen verursachte. Lenny war klar, dass etwas Unrechtmäßiges vorgeht, und er beschloss, dies im hiesigen Rathaus zu melden …

Aufgabe 2:
Nominalisierte Verben und Adjektive werden großgeschrieben.

Aufgabe 3:
individuelle Lösung (vgl. Buchtext ab dem 6. Kapitel)

Das Stadtkanal-Spiel
Auf diesen vier Kopiervorlagen finden Sie die Regeln, den Spielplan sowie Frage- und Hinderniskarten für ein Spiel, mit dem Ihre Schüler sowohl die Geschehnisse der Lektüre noch einmal Revue passieren lassen als auch Themen der erarbeiteten Kopiervorlagen wiederholen können.

Das Stadtkanal-Spiel ist für mindestens vier und maximal neun Spieler vorgesehen. Je nach Gruppenzahl ergibt sich die Anzahl der zu kopierenden Spielanleitungen, Spielbretter sowie Frage- und Hinderniskarten. Vergrößern Sie den Spielplan beim Kopieren am besten auf DIN A3. Er kann von den Schülern außerdem farbig gestaltet werden.

Mit den Fragekarten soll das Wissen zum Thema Umweltschutz und zum Inhalt der Lektüre wiederholt werden. Die leere Karte kann von Ihnen nach Belieben vervielfältigt werden. Jede Gruppe füllt dann vor dem ersten Spiel die Karten mit eigenen Fragen zur Lektüre und der passenden Antwort darunter (Beispiel: Wer feiert seinen Geburtstag am Stausee? – Nora.). Anschließend werden die Karten pro Gruppe eingesammelt und an eine andere Gruppe weitergegeben.

Die Hinderniskarten beziehen sich inhaltlich auf die Lektüre und machen auf Probleme und Chancen für die einzelnen Wettbewerbsteilnehmer aufmerksam. Dadurch wird der Spielverlauf für das jeweilige Team negativ oder positiv beeinflusst. Auch bei der Gestaltung dieser Karten können die Schüler mitwirken. Lesen Sie ihnen einen Hinweis mit negativen und einen mit positiven Konsequenzen vor oder projizieren Sie diese an die Tafel. Fordern Sie die Schüler dann auf, ähnliche – an der Lektüre orientierte – Hinderniskarten zu erstellen.

Kreativ aktiv

Um Isis Situation bei der nächtlichen Aktion besser begreifbar zu machen, kann man eine dem „Dialog im Dunkeln“ ähnliche Situation schaffen (vgl. *https://dialog-in-hamburg.de*). Freiwillige Schüler werden vor die Tür geschickt. Währenddessen bauen die anderen einen kleinen Parkour im Klassenzimmer auf. Anschließend werden die Schüler mit verbundenen Augen einzeln ins Klassenzimmer und durch den Parkour geführt. Dieses Erlebnis soll die Schüler dafür sensibilisieren, wie es sich anfühlt, ohne Hilfe des Sehsinnes die Umwelt wahrzunehmen.

Nach der Lektüre

Bereits das „Stadtkanal-Spiel" bietet die Möglichkeit, auf Inhalte und Figuren der Lektüre noch einmal rückblickend einzugehen. Darüber hinaus sind weitere Aufgabenstellungen denkbar, um die Beschäftigung mit diesem gehaltvollen Roman abzurunden:

- Erstelle ein Alternativcover zum Buch.
- Verfasse eine Rezension des Buches für eure Schülerzeitung.
- Formuliere eine Buchbesprechung fürs Radio. Nimm die Audiodatei auf.
- Schreibe einen Brief an die Autorin Judith Le Huray, in dem du ihr berichtest, wie dir die Lektüre gefallen hat und worüber du dich gewundert, empört, gefreut hast. Du kannst der Autorin auch Fragen stellen, z. B. zur Entstehung der Geschichte oder zu einzelnen Szenen.

- Gestalte ein Werbeplakat für das Buch.
- Erstelle einen Werbeclip für das Buch.
- Gestalte eine Szene aus dem Buch als Hörspiel.
- Stellt eure Lieblingsszene / die spannendste Stelle / ... in Gruppen pantomimisch dar.
- Plant und gestaltet in Gruppenarbeit ein weiteres Video des *FürMorgen*-Teams.

Name:

Achtung, Hindernisse!

Freitagnacht ist es so weit: Das *FürMorgen*-Team will den Dingen auf den Grund gehen und wissen, woher das rote Zeug stammt, das im Stausee gelandet ist.

1. Welche Hindernisse müssen Mark, Esma, Nora und Isi überwinden, um rechtzeitig zum Treffpunkt zu kommen? Notiere in ganzen Sätzen.

Mark: ______________________________

____

Esma: ______________________________

____

Nora: ______________________________

____

Isi: ______________________________

____

2. Mit welchen Ängsten hat vor allem Esma im 8. Kapitel zu kämpfen? Schreibe in die Gedankenblasen aus ihrer Sicht.

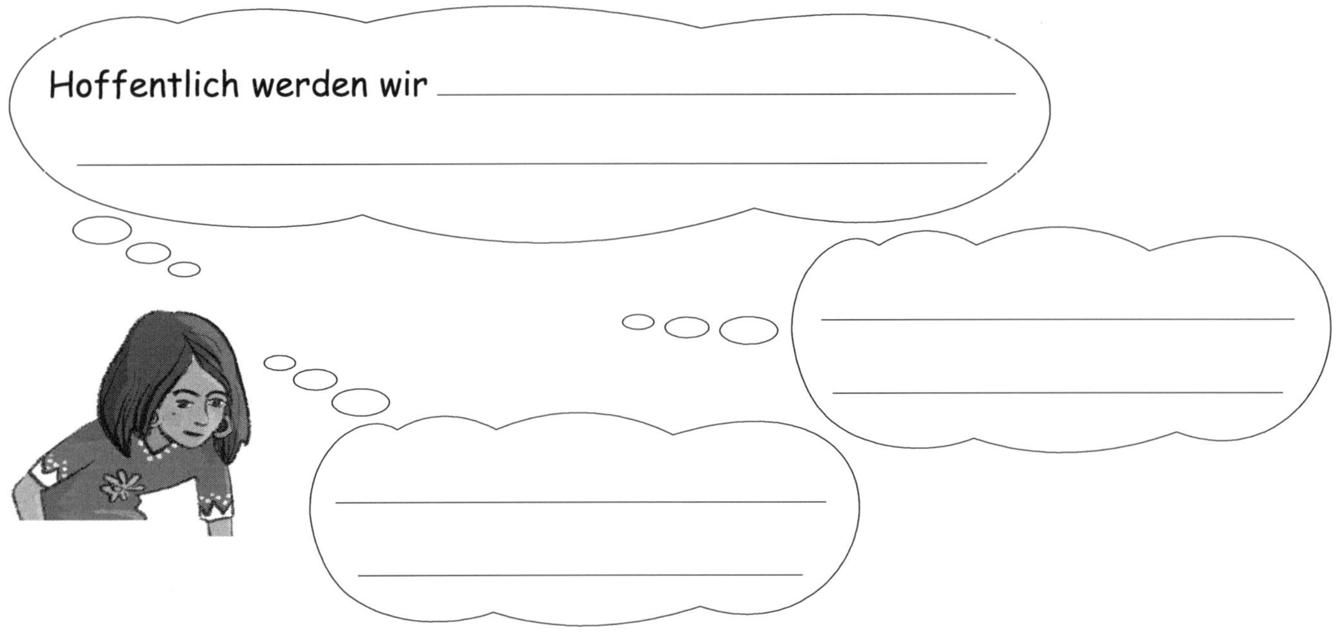

3. Stell dir vor, du bist im *FürMorgen*-Team. Welche Bedenken hast du bei der Nachtaktion? Schreibe in dein Heft.

Name:

Geschehnisse der Nacht

Auf dem ehemaligen Fabrikgelände wird es spannend. Trage die Antworten mit Großbuchstaben ein.

waagerecht:

1. Dieser Gegenstand wird in den Transporter geladen.
3. Hier findet die nächtliche Aktion statt.
5. Die sitzt ihnen am nächsten Tag noch in den Gliedern.
7. Figur, die entkommt
8. Farbe der Kleidung der fünf
11. Die werfen nur wenig Licht auf den Parkplatz.
13. Das erwartet die Jugendlichen zu Hause (Plural).
15. Material der verschlossenen Tür

senkrecht:

2. Das plagt Lenny (Plural).
4. Isis Handicap (Nomen)
6. Name des Polizeihauptmeisters
9. Ihr fällt Isi schluchzend in die Arme.
10. Anzahl der Männer auf dem Fabrikgelände
12. genauer Treffpunkt der fünf
14. Sie ist die Ängstlichste bei der Aktion.

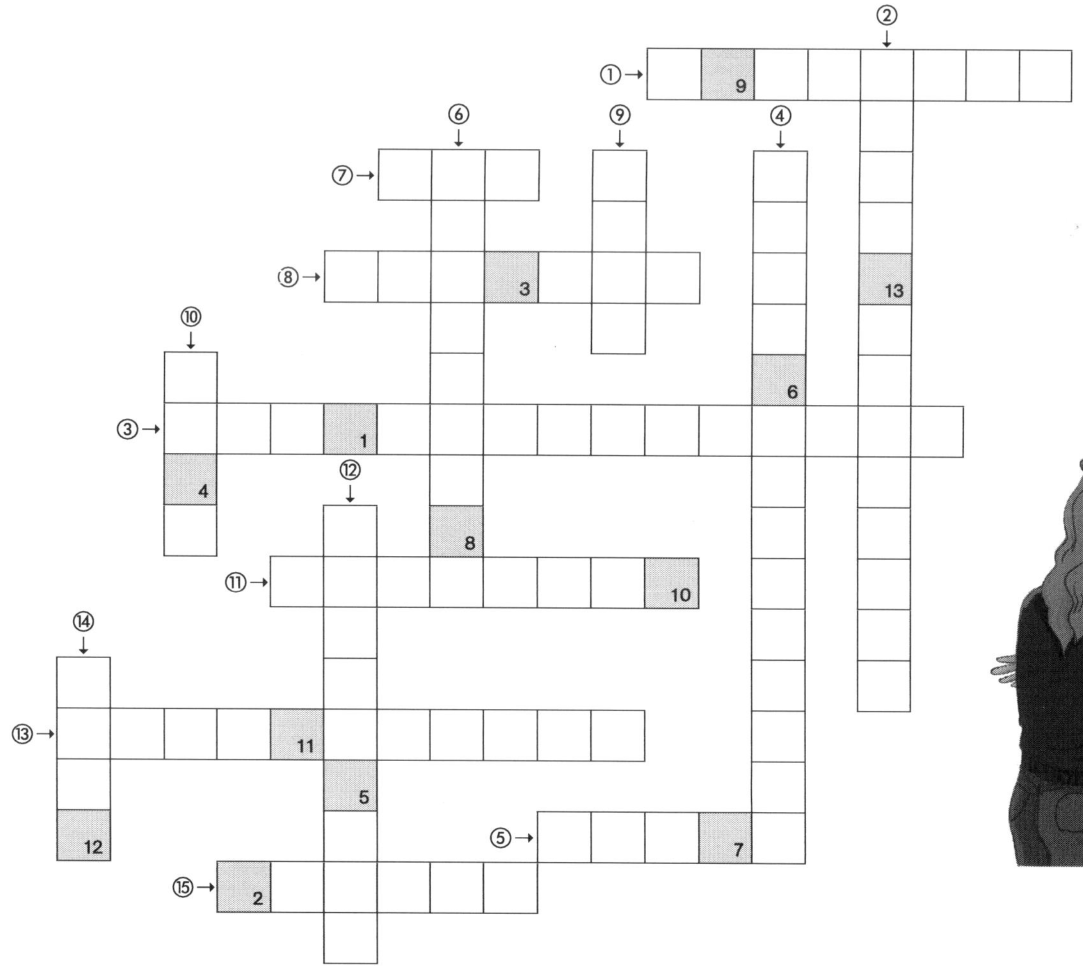

①→ ② ⑥ ⑨ ④ ⑦→ ⑧→ ⑩ ③→ ⑫ ⑪→ ⑭ ⑬→ ⑤→ ⑮→

Lösungswort:

1	2	3	4	5	6	7	8	9	10	11	12	13

Name:

Das Protokoll

Auf dem Polizeirevier werden die fünf Abenteurer im Beisein von zwei Elternteilen befragt. Ihre Antworten werden schriftlich festgehalten, also protokolliert.

1. Lies den Infotext. Ergänze dann das Polizeiprotokoll.

Ein Protokoll enthält sachlich und knapp formulierte Inhalte z. B. von einer Besprechung, Gerichtsverhandlung oder Befragung. Formal besteht es aus dem Protokollkopf (mit Angaben zu Ort, Datum, Beginn, Ende, Anwesenden, Protokollant/Protokollantin, Thema), den einzelnen Tagesordnungspunkten (Abkürzung TOP) und dem Schluss (Ort, Datum, Unterschrift Protokollant/Protokollantin).

POLIZEIPROTOKOLL

Ort: ____________________

Datum: Samstag, den ____________________

Beginn: ________________ Ende: ________________

Anwesende: ____________________

____

____

Protokollant/Protokollantin: ____________________

Thema: ____________________

TOP 1: Wiedergabe der Vorgeschichte durch Lenny __________

- Geburtstagsfeier am Stausee, beim Schwimmen Absperrung missachtet, Beschreibung des Wassers: ____________________

  ____

  ____

2. Was sollte noch im Protokoll stehen? Führe es in deinem Heft fort.

Name:

Delikte und Beweismittel

Der Fall ist brisant und wird nun, dank des *FürMorgen*-Teams, aufgeklärt.

1. Lies noch einmal den Anfang des 10. Kapitels bis Seite 120. Welche Delikte wurden im Zusammenhang mit der Werkzeugherstellung begangen? Notiere in Stichworten.

Delikt 1: Abwasser von der Metallverarbeitung

das Delikt, die Delikte:
Straftat, Rechtsverstoß

das Beweismittel:
dient der Aufklärung einer Straftat oder eines Rechtsverstoßes. Ein Sachbeweis kann z. B. ein Foto, ein Video, ein Abdruck einer Spur oder eines Fingers sein.

Delikt 2: ______

Delikt 3: ______

Delikt 4: ______

Delikt 5: ______

Delikt 6: ______

2. Auch das *FürMorgen*-Team hat sich rechtswidrig verhalten. Führe die Verstöße an.

Verstoß 1: ______

Verstoß 2: ______

3. Welche Beweismittel konnten die Jugendlichen sammeln? Liste sie im Heft auf.

Name:

Zeitungsbeitrag mit Fehlern

Das *FürMorgen*-Team hat für die Schülerzeitung einen Bericht über die Verschmutzung des Stausees verfasst. Dabei sind Fehler passiert.

1. Lies den Bericht. Streiche Rechtschreibfehler durch und korrigiere sie. Schreibe dann den verbesserten Text in dein Heft.

Giftskandal am Stausee

fmt. RAUTESTEIN. Kaum zu glauben, aber war: Seit geraumer Zeit gelangen giftige Substanzen in unseren Stausee und machen das baden darin zu einer gesundheitsgefährdenden Aktion.

Lenny S. – ein Schüler der 8. Klasse unserer Schule und Mitglied der Schülerzeitungs-AG – beschloss vor einigen Tagen, sein Schwimmtraining im Rautesteiner Stausee zu absolvieren. Beim überqueren des Sees machte er am Südufer eine unerwartete Entdeckung: Zahlreiche tote Fische trieben auf dem Wasser umher, auf dessen Oberfläche ein rötlicher, öliger Film schwamm. Der Schüler kehrte sofort um. Beim verlassen des Wassers stellten er und weitere Schüler unserer Schule und des Zeitungsteams, die sich am See zum feiern getroffen hatten, fest, dass die ölige Substanz auf seiner Haut haftete und Reizungen verursachte. Lenny war klar, dass etwas unrechtmäßiges vorgeht, und er beschloss, dies im hiesigen Rathaus zu melden …

2. Welche Rechtschreibregel verbirgt sich hinter fast allen Rechtschreibfehlern? Notiere sie.

____

3. Setze den Bericht fort.

____

____

____

____

____

____

____

Name:

Das Stadtkanal-Spiel

Vorbereitung / Spielregeln

Vorbereitung:

- Bildet Zweier- oder Dreier-Teams. Es spielen immer zwei bis drei Zweier-Teams oder zwei bis drei Dreier-Teams gegeneinander.
- Dann werden die Team-Namen ausgewürfelt: Das erste Team, das eine Sechs würfelt, ist das *FürMorgen*-Team, eine Fünf bedeutet Team Phil und eine Vier Team Samira.
- Außer dem Spielplan braucht ihr ein Set Fragekarten, ein Set Hinderniskarten, einen Würfel, eine Spielfigur pro Spieler (pro Team dieselbe Farbe) und ein Set mit Jetons oder Spielgeld (als Umweltbons).
- Mischt die Fragekarten und die Hinderniskarten und legt sie neben den Spielplan. Auch die Umweltbons legt ihr in Reichweite.

Spielregeln:

- Alle Spielfiguren stehen am Start. Das Team, das zuerst eine Sechs würfelt, beginnt. Die Mitglieder eines Teams würfeln abwechselnd, jeder Spieler ist also nur jede zweite oder dritte Runde dran.
- Ziehe die Anzahl an Feldern vor, die dein Würfel anzeigt. Landest du auf einem Hindernisfeld, nimm die entsprechende Karte vom Stapel und lies sie laut vor. Befolge die Anweisungen. Kommst du auf ein Fragezeichen-Feld, liest dein Nachbar dir die Frage vor. Weißt du die richtige Antwort, bekommst du einen Umweltbon. Die Karte wird unter den Stapel gelegt. Weißt du die Antwort nicht, geht das Spiel einfach weiter.
- Ziel des Spiels ist es, möglichst schnell alle Teammitglieder ins Ziel zu bringen. Ist ein Spieler eines Teams dort angekommen und hat fünf Fragen korrekt beantwortet, also fünf Umweltbons vorzuweisen, kann er ein weiteres Teammitglied ins Ziel bringen.

Viel Spaß!

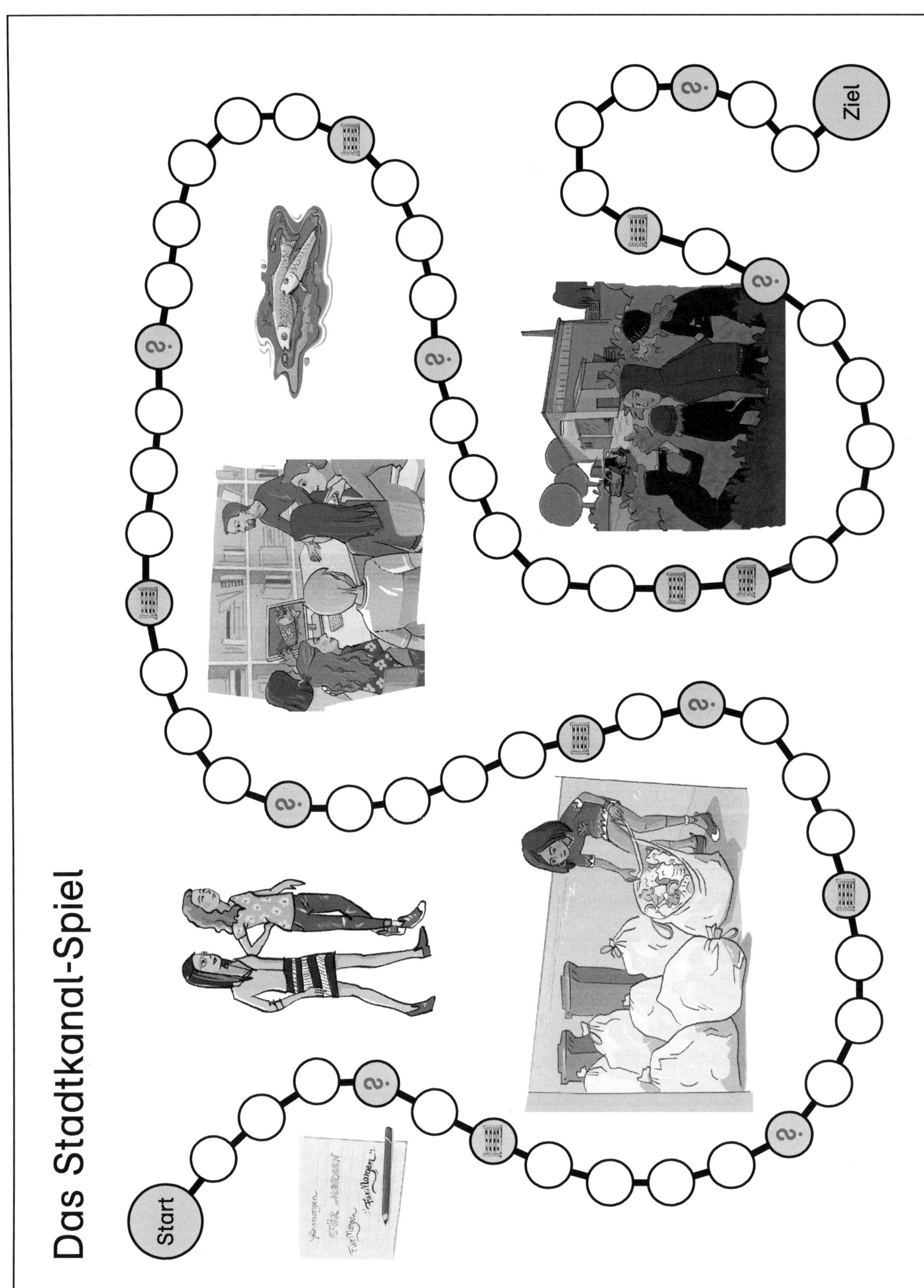
Das Stadtkanal-Spiel
Start
Ziel

Das Stadtkanal-Spiel

Fragekarten

✂

In welchen Ländern kann man Verpackungsmüll im „Gelben Sack“ sammeln? ? (In Deutschland und Österreich.)	Ein Rind stößt täglich etwa 200 Liter, 250 Liter oder 300 Liter Methan aus? ? (200 Liter.)	Wer ist das älteste Mitglied des *FürMorgen*-Teams? ? (Lenny. Er geht in die 8. Klasse.)	Warum ist das Pflanzen von Bäumen so wichtig für das Klima? ? (Weil Bäume CO_2 aus der Luft aufnehmen, es verwerten und Sauerstoff abgeben.)
Deine Freundin macht ein Foto von dir und veröffentlicht es auf Instagram. Darf sie das? ? (Nur mit meiner Erlaubnis bzw. der Erlaubnis meiner Eltern.)	Welches Handicap hat Isi? ? (Sie ist nachtblind.)	Wie viele Tonnen Lebensmittel wurden 2017 in Deutschlands Privathaushalten weggeworfen: 1,4 Mio t, 2,4 Mio t oder 4,4 Mio t? Schätze. ? (4,4 Mio Tonnen.)	Welche zwei Paare kristallisieren sich am Ende der Lektüre heraus? ? (Nora und Lenny, Isi und Mark.)
Für den Genuss einer Lammkeule kann man 100 km, 150 km oder 250 km mit einem mittelgroßen Auto fahren? Schätze. ? (150 km.)	Von wem hat Samira sich für ihre Channel-Beiträge bezahlen lassen? ? (Von den Besitzern der Boutiquen, über die sie berichtet hat.)	Eine Plastikflasche braucht ungefähr 80 Jahre, 200 Jahre oder 500 Jahre, um sich zu zersetzen? ? (500 Jahre.)	?

Das Stadtkanal-Spiel

Hinderniskarten

✂

Du hast vom Schwimmen im Stausee einen Hautausschlag bekommen. Dein Team muss eine Runde aussetzen. 	Die anderen Teams können sich noch nicht auf ein Thema für ihr nächstes Video einigen. Das gibt euch einen Vorsprung: Jeder von euch darf drei Felder vor. 
Du hast die Urheberrechte missachtet. Zahle einen Umweltbon oder setze mit deinem Team eine Runde aus. 	Durch einen frechen Kommentar über ein Konkurrenz-Team habt ihr 30 Follower verloren. Jeder von euch muss drei Felder zurück. 
Euer letzter Videoclip hat die meisten „Likes“ kassiert. Für die anderen Teams ist das bitter, ihr aber dürft gleich noch einmal würfeln. 	Ihr habt wegen des Gewinnspiels um den Stadtkanal die Schule vernachlässigt und müsst Stoff nachholen. Dein Team muss eine Runde aussetzen. 
Die Konkurrenz-Teams verbreiten Fake News über euren Stadtkanal. Wählt jeweils einen Spieler aus den gegnerischen Teams aus. Er muss fünf Felder zurück. 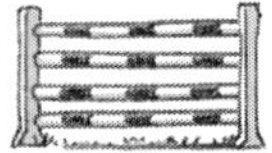	Eure Gegner haben für ihr letztes Video deutlich mehr „Likes“ kassiert. Jeder von euch muss deshalb drei Felder zurück. 
Ihr findet heraus, dass die anderen Teams die Anzahl ihrer Follower manipuliert haben. Zum Ausgleich dürft ihr noch einmal würfeln.